HISTOIRE

PITTORESQUE, TOPOGRAPHIQUE
ET ARCHÉOLOGIQUE

DE

CRÉCY-EN-BRIE

ET DE

LA CHAPELLE-SUR-CRÉCY,

SUIVIE DE CONSIDÉRATIONS GÉNÉRALES

SUR LES COMMUNES DU CANTON,

Par le docteur Th. ROBILLARD.

—

Prix : 3 francs.

—

Dépôt unique chez l'auteur à Crécy.

1852.

MEAUX.
Imprimerie A. CABRO

CRÉCY-EN-BRIE.

1852.

Aux Dames de Crécy :

HOMMAGE.

Docteur Robillard.

HISTOIRE

PITTORESQUE, TOPOGRAPHIQUE, ET ARCHÉOLOGIQUE.

DE

CRÉCY-EN-BRIE

ET DE

LA CHAPELLE-SUR-CRÉCY,

SUIVIE DE CONSIDÉRATIONS GÉNÉRALES

SUR LES COMMUNES DU CANTON,

Par le docteur TH. ROBILLARD.

PRÉFACE.

—

Crécy, depuis long-temps, fixait notre attention et obtenait nos sympathies. Dès 1846, nous conçûmes la pensée d'y fixer notre domicile et cette pensée passée à l'état de projet eût eu son accomplissement immédiat, si la fatalité ne s'y fût opposée.

Mais notre mauvaise étoile nous a fatalement retenu dans un pays où nous avions eu à subir les plus rudes épreuves, sans en connaître le motif légitime.

Après quatre ans de luttes courageusement et

victorieusement soutenues, nous sommes enfin venu dans notre patrie d'adoption.

Puissent les habitans de Crécy et des communes voisines nous accorder de bon cœur le titre de compatriote que nous ambitionnons, et faire bon accueil à notre livre ; nous ne l'avons entrepris que dans le but de leur être agréable.

Le jeune LHUILLIER qui s'était livré avec intelligence à des recherches sur l'ancien Crécy, nous a fourni des documens précieux que nous avons vérifiés, complétés, coordonnés : *Suum cuique.*

NOTIONS GÉNÉRALES

sur

LA VILLE

et sur

LE CANTON DE CRÉCY.

Avant d'aborder le vif du sujet ou, si l'on aime mieux, le nerf de l'histoire, entrons dans quelques généralités sur l'ensemble de la matière : elles en faciliteront l'intelligence et l'appréciation ; nous toucherons ensuite, en traits plus lucides, plus concis et plus catégoriques les points de détail.

Crécy-en-Brie, ville aujourd'hui de

peu d'importance, tu sembles ne pas être digne du regard des hommes de lettres; ils passent près de toi en détournant les yeux et sans t'accorder un signe d'intérêt; tu subis le sort commun : *tempora si fuerint nubila, solus eris*. Cependant, si les orages révolutionnaires, si le passage des temps et des évènements t'ont enlevé l'éclat primitif, rien n'efface en toi les souvenirs d'un autre âge, rien n'altère tes grandeurs passées dans la page de l'histoire.

Quoique récemment admis dans ton sein, nul plus que nous ne s'intéresse à ta fortune et à ta gloire ; permets à notre faible main de lever le rideau qui te masque à la postérité, et puisse notre plume novice ne pas faillir à la tâche.

Crécy, victime de désastres déplorables, est fort ancien ; Crécy fut considérable ; Crécy a été ville de guerre d'un ordre respectable : Pourquoi ne pas exhumer le mérite de son ancienne splendeur ? Pourquoi ne pas révéler les fastes glorieux de notre modeste cité ?

Nous y consacrerons, du moins, les efforts de notre énergie, les ressources de notre intelligence : la bienveillance des lecteurs fera le reste.

Le canton de Crécy dépend de l'arrondissement de Meaux (Seine-et-Marne). Il est situé au midi de cet arrondissement et fait partie des sept cantons du département de Seine-et-Marne qui dépendaient autrefois de l'Ile de France, dans la Brie.

Le canton de Crécy se trouve au nord du département de Seine-et-Marne et sa distance nord-est du centre de la France, pris à Bourges, est de 125 lieues. Il se compose de vingt-deux communes, qui donnent ensemble une population de 12,300 habitants.

Ce canton est borné au nord, par celui de Meaux; au midi, par ceux de Rozay et de Coulommiers ; à l'est, par celui de la Ferté-sous-Jouarre ; à l'ouest, par celui de Lagny, et au nord-ouest, par celui de Claye. Sa superficie totale est de 14,382 hectares. Sa figure quadrilatère est fort irrégulière. Son étendue de l'est à l'ouest, est de 16 kilomètres, et son diamètre du sud au nord-est, tout au plus de 8 kilomètres ; Crécy qui en est le chef-lieu se trouve au sud : le centre doit être pris entre les villages de Bouleurs et de Coulomme. Crécy se trouve encore à une distance de 15 kilomètres S. de Meaux, de 44 kilomètres E. de Melun et de 48 kilomètres O. de Paris.

Le sol du canton de Crécy, comme

celui des cantons voisins, est composé de calcaire, de craie et de sable en majeure partie ; les plateaux de la Brie entière sont surtout remarquables par leur prodigieuse fertilité ; Ptolémée l'appelait *Latinum Beldorum*, M. de Lamartine le nomme aujourd'hui : *Latium français*.

De nombreuses plantations d'arbres fruitiers, de vignes et de petits bosquets en rendent l'aspect on ne peut plus pittoresque.

Il est arrosé par le Grand-Morin et par un grand nombre de fontaines qui s'étendent en ruisseaux dans la plaine et la fertilisent de leur eau limpide ; ces ruisseaux accrus par les pluies torrentielles causent quelquefois en se réunissant au Morin, des inondations désastreuses mais de courte durée.

Le canton de Crécy ne contient plus de ces plaines marécageuses, de ces cloaques pleins de reptiles vénéneux et de détritus putrides, comme le reste de la Brie ; quelques étangs poissonneux y existaient encore il y a une dizaine d'années ; ils ont été desséchés, et de riches moissons se récoltent à leur place.

L'exploitation des carrières de pierres à plâtre, d'argile à tuiles et à briques, de pierres à chaux, est une des richesses du canton dont elle occcupe un grand nombre d'ouvriers.

Notre canton produit aussi ces excellents fromages si estimés en France et dont l'empereur Alexandre, qui y avait pris goût dans notre ville, lors de la fatale campagne de 1814, se montra friand le reste de sa vie et se fit faire des envois à Pétersbourg jusqu'à sa dernière heure.

La navigation, très-active sur tous les points du département, l'est surtout sur le Grand-Morin ; les ports de Crécy et de St-Germain-lès-Couilly sont, sans cesse, encombrés par les bois à flotter sur Paris.

La forêt de Crécy, située dans le versant gauche de la Marne, à 6 kil. de Crécy vers le sud, est sur le canton de Rozay; elle contient 3,589 hectares. Son revenu annuel est de 200,764 fr. environ. Elle produit d'excellent bois pour la charpente, la construction et le charronnage.

Peu de monuments curieux restent au canton de Crécy ; en revanche, c'est l'un des lieux du département et même du nord de la France, le mieux situés et d'où l'œil découvre les plus beaux points de vue ; il semble que la nature l'ait ainsi dédommagé de ce qu'il n'a pas de raretés et d'antiquités historiques : cependant, à Sancy, se voient encore les traces d'une voie romaine qui traversait notre canton. Les Romains, jadis maîtres de la Brie, tracèrent des routes destinées à relier les postes militaires de la contrée ; c'est une de ces routes dont nous voyons encore aujourd'hui les vestiges. Elle allait de Senlis à Troyes, passait à Nanteuil-lès-Meaux avant d'arriver sur les territoires de Boutigny, de Coulomme et de Sancy, dans notre canton, puis se dirigeait vers Maisoncelle dans le canton de Coulommiers. Presque sur tous les points du département aussi, on a découvert des armes, des médailles, des monnaies, des morceaux de débris datant de cette haute antiquité ; tout récemment encore, en 1842, en faisant des extractions de pierre dans un champ au-dessus de Bel-Air, commune de la Chapelle-sur-Crécy et au bord du chemin de Crécy à Bouleurs, on découvrit une chambre sépulcrale au milieu de laquelle, parmi des ossements humains, se trouvaient des armes gauloises fort bien conservées et qui ont été déposées à Meaux, au cabinet de curiosités de la bibliothèque publique. Et en 1845, en travaillant à la construction de la route déparmentale de Sammeron à la Belle-Idée, des ouvriers trouvèrent un assez grand nombre de pièces romaines, en face du hameau de Montgrolle, commune de La Chapelle; toutes ces pièces, ou à peu près, étaient à l'effigie de l'empereur Antonin.

ANCIEN CRÉCY.

La Brie. — L'ancien Crécy. — Division civile et ecclésiastique. — Les comtes de Crécy. — Histoire, évènements et faits historiques jusqu'à la Révolution française de 89.

Le département de Seine-et-Marne qui est compris dans l'ancienne généralité de Paris, est un de ceux formés de la Brie et du Gâtinais. Le territoire qui compose ce département ne formait pas auparavant, un tout compact, habité par un même peuple, régi par une même loi et gouverné par un même prince.

Tout le canton de Crécy faisait partie de l'ancienne Brie et était compris dans les douze cantons dont se composait l'Ile-de-France.

La Brie que les anciens nommaient *Bria, Brijia-sylva, Saltus-Briegus,* et que le roi Dagobert appelle *Briegium,* dans son testament, faisait partie de la Gaule-Celtique.

Le nom de Brie vient d'une forêt qu'Aymoin nomme *Brijensis saltus*, située dans cette partie de la Gaule qui se trouve au sud de Meaux et près de l'endroit où fut fondée depuis l'abbaye de Faremoutiers ; le nom de cette forêt elle-même vient du sol fangeux du pays et il est tiré du celtique : *cray, bry,* terre fangeuse.

Ce nom ne se donnait d'abord qu'à une petite étendue de la province ; peu-à-peu, cette partie s'accrut, et bientôt le nom de Brie devint commun à toute la contrée au midi de la Marne, dans le diocèse de Meaux ; puis enfin, il s'étendit encore dans les diocèses de Sens, de Paris, de Troyes et de Soissons.

C'était le pays des *Meldi*, peuple Celte, avant la conquête romaine, dont la capitale était *Jatinum* (Meaux).

Jules César vint, et soumit le pays à la domination romaine ; ce pays passa ensuite aux Rois de France sous Mérovée, par suite de la bataille gagnée contre Aëtius, roi des Huns, entre Meaux et les maisons détachées, bâties aux deux rives du Grand-Morin, qui, quelques années plus tard prirent le nom de *Creceium*, (1) changé ensuite en celui de *Criciacum* puis en celui de *Cræciacum* pour la partie en-deçà du Grand-Morin, et de *Vetus Cræciacum* pour

---

(1) Des personnes graves affirment que Crécy fut fondé par le duc d'Hibros venu en Gaule à la tête de 22,000 Sycambriens, 930 ans avant J.-C.

celle qui était située sur la rive gauche de cette rivière. (Vetus Cræciacum, vieux Crécy, aujourd'hui Saint-Martin.)

Nous n'avons aucun renseignement positif sur la Brie durant toute la période celtique; les Celtes ne nous ont laissé aucun ouvrage écrit, et le temps a effacé toutes les traces de cette antique civilisation.

En 277, après la conquête romaine, Aurélien traversa plusieurs fois la Brie, pour aller à Provins, à Meaux et à Melun ; il paraît avoir passé par l'endroit où est aujourd'hui Crécy, mais ce n'était encore à cette époque que quelques maisons isolées bâties sur les rives du Morin, et dont on ignore le nom.

C'est de cette époque que date la grande voie romaine qui reliait Senlis à Troyes, passant près de Coulomme et de Sancy, dans notre canton, où nous en voyons encore des traces : ce sont même les seuls vestiges qui nous restent du passage et de la civilisation des Romains.

ADMINISTRATION CIVILE.

—

Crécy faisait partie de la 4ᵉ Lyonnaise ou Sénonie, après la domination des Romains; et du royaume de Neustrie, sous les Francs.

La Brie fut d'abord gouvernée, comme tout le nord de la Gaule, par le patrice Siagrius, sous le gouvernement des Romains; depuis l'invasion des Francs, après diverses vicissitudes, notre pays fut enfin gouverné par des Comtes descendant d'Eudes, fils de Thibault-le-Tricheur.

Eudes Iᵉʳ, comte de Blois, de Tours

et de Chartres, petit-fils de Thibault-le-Tricheur, et premier comte de Champagne de la seconde branche, fut tué en 1029 ; Étienne, son fils, lui succéda, il fut suivi par Thibault III ; en un mot, cette race se succéda sans interruption, jusqu'en 1199 : pendant près de deux siècles.

Ensuite la Brie fut annexée au comté de Champagne dont les possesseurs se qualifièrent : comtes de Champagne et de Brie.

Plusieurs de ces derniers furent seigneurs de Crécy où ils avaient un manoir qu'ils vinrent souvent habiter. Ces comtes étaient chargés de rendre la justice à leurs vassaux et de faire respecter les priviléges du clergé ; chacun avait ses lois particulières.

Dans la suite, les comtes de Champagne et de Brie devinrent assez puissants pour faire la guerre aux rois de

France ; c'est ce qui força Louis-le-Gros à affranchir les communes de leurs puissants seigneurs qui devenaient ses rivaux.

Après l'invasion des Francs, sous Clovis et ses descendants, la Brie fut le théâtre de plus d'une guerre sanglante. Vers 577, Chram, fils de Clotaire, avait déjà pillé et ravagé tous les pays au bord de la Marne et près de la Seine. Après la mort de Charlemagne, en 861, les Normands s'étant emparés de Paris, vinrent piller Meaux et Melun, en passant par Crécy qui ne fut pas épargné. Ce petit village qui venait de se former principalement sur la rive droite du Grand-Morin, en face des premières habitations construites primitivement sur la rive gauche et qu'on nomme dans quelques mémoires : *Carasiium*, fut, dès lors, le théâtre de plusieurs combats, tant dans son sein que dans ses environs ; toutefois, les renseignement que nous avons pu recueillir à ce sujet ne semblent pas avoir une authenticité parfaite, et nous les donnons pour ce qu'ils sont.

Pendant les dernières années de Héribert de Vermandois, comte de Meaux et de Troyes, une guerre active éclata, de nouveau, dans la Brie.

Au commencement du VIIe siècle les Leudes, ou seigneurs francs, possédaient dans la Brie, des Villas où ils venaient souvent se retirer pendant le séjour du roi à Paris ; nous nommerons dans les environs Faremoutiers, Moressart, Crèvecœur, voisins de Crécy, mais situés dans l'arrondissement de Coulommiers, qui ont eu cette destination et qui conservent des restes irrécusables de cette ancienne splendeur.

Ces lieux pourraient être le sujet d'une intéressante digression, ' pour nous qui ayant habité Moressart, aujourd'hui Mortcerf, pendant douze ans, avons pu puiser à la source même, les documents les plus précieux ; qui avons vingt fois mesuré les vieilles tours en pierres de taille et le pignon à fenêtres ogives, seuls restes de l'ancienne chapelle de Becoisel, où d'illustres princesses adressèrent à l'amour des soupirs qui semblaient destinés à la Divinité ; nous enfin qui avons parcouru, pendant une matinée d'automne, la partie accessible de la voûte souterraine qui relie Becoiseau à Crèvecœur, autre château féodal, et soigneusement visité le vaste emplacement (actuellement la Garenne) que couvrait le vieux castel de Jeanne, veuve de Charles-le-Bel, mère des rois de France tristement célèbres par leurs épouses : Marguerite, Jeanne et Blanche de Bourgogne, dont les débordements dans la Tour de Nesles, avec Gauthier et Philippe d'Aulnay, ne sont ignorés de personne. Mais nous nous sommes posé des limites; nous devons les respecter.

ADMINISTRATION ECCLÉSIASTIQUE.

Le christianisme ne commence à apparaître dans l'histoire du département de Seine-et-Marne, que vers la fin du IIIe siècle.

C'est dans la ville de Meaux qu'il est prêché, d'abord par Saint-Denis, puis dans nos villages par des vicaires de ce saint.

Dès lors, on songe à séparer spirituellement le pays ; Meaux devient le siége d'un diocèse pour les Meldi ; tout ce qui forma, depuis, le canton de

Crécy fit partie de ce diocèse, à l'exception pourtant de l'église de Serris qui était comprise dans celui de Paris ; ce qui exista jusqu'en 1789 (1). Après cette époque, Serris comme tout le surplus du département de Seine-et-Marne fut ajouté au diocèse de Meaux.

Crécy était le siége d'un doyenné dès le XIVe siècle.

Cette partie de la Brie qui forme aujourd'hui notre canton, subit divers changements notables pour ce qui est de la division ecclésiastique ; les modifications survenues entre le XIIIe siècle et nos jours, dans la composition

---

(1) Serris avait aussi une seigneurie particulière avec titre de comté. Un bailliage y était annexé. La coutume locale fixait le droit d'ensaisinement dans la chastellenie de ce lieu à 3 *sols 4 deniers tournois par franc*. — C'est dans ce village que fut fondée originairement la foire qui a lieu à Crécy le 29 septembre ; transférée ensuite sur les promenades de Crécy, puis aux prés St-Michel, à la porte Dame-Gille, elle fut enfin reportée définitivement sur les promenades de la ville, où elle se tient chaque année.

du doyenné de Crécy, sont nombreuses, importantes, et prouvent, sous ce rapport la décadence actuelle de notre ville.

D'après la liste dressée en 1363, par Jean Royer, évêque de Meaux, l'étendue de ce doyenné comprenait les cures ci-après désignées : Mareuil, Condé, Esbly, Coupvray, Magny, Bailly, Villeneuve-le-Comte, Coutevroult, Villiers-sur-Morin, Couilly, St-Germain, Quincy, Bouleurs, Coulomme, La Celle, Guérard, Pezarches, Touquin, Ormeaux, Villeneuve-la-Hurée, Lumigny, Nesles, Breuil, Rozay, Voinsles, La Chapelle-Iger, Fontenay, Le Mée, Crèvecœur, Dammartin-en-Brie, Moressart, (Mortcerf), Tigeaux, Crécy, La Chapelle-sur-Crécy, St-Martin, Faremoutiers (1).

---

(1) Il existait une petite paroisse dont il n'est fait aucune mention dans les diverses listes des églises composant le doyenné de Crécy, c'est celle de Ségy, qui faisait partie de l'exemption du chapitre de la cathédrale de Meaux.

Après avoir dépendu de Boutigny, jusqu'au XII° siècle,

Plus tard ce doyenné se réduisit à 29 paroisses.

En 1652, l'évêque Séguier distribua toutes les paroisses de son diocèse en 10 conférences. Ces conférences existent encore de nos jours ; elles ont pour but d'instruire les prêtres sur l'écriture sainte, la morale et la discipline ecclésiastique ; mais les changemens survenus dans leur division méritent que nous tracions ici le tableau des curés qui se réunissaient à Crécy, à l'origine de ces conférences. C'étaient ceux de Crécy, Dammartin-sur-Tigeaux, St-Germain-lès-Couilly, Esbly, Condé, Montry, Couilly, Bailly, Tigeaux, Coupvray, Maisoncelle, Hautefeuille, Villiers-sur-Morin, Chalifert, Moressart, La Celle, Villeneuve-le-Comte, Coulomme, La Chapelle-

---

Ségy devint le siége d'une faible paroisse, réunie en l'an VIII à celle de Quincy, la plus considérable de notre canton.

sur-Crécy, St-Martin, Sancy, Bouleurs, Vaucourtois, (1) Guérard, Magny-le-Hongre, La Haute-Maison et Coutevroult.

Quincy, St-Fiacre et Villemareuil (2) dépendaient de la conférence de Meaux.

Ces conférences se tenaient à Crécy, depuis la mi-avril jusqu'au premier novembre, les premier et troisième jeudis de chaque mois.

Outre ces divisions en doyennés et conférences, le diocèse de Meaux était soumis à une troisième et suprême division.

Formé d'une partie de la Brie et de l'Ile de France, il est séparé par la Marne

---

(1) Vaucourtois n'était érigé en paroisse que depuis le XIVe siècle; Lihoût en avait été le siége jusque-là, bien que la seigneurie eût toujours existé à Vaucourtois. Lihoût possédait encore en 1790, un hôtel-dieu dont on voit les débris de la chapelle, dédiée à Ste Marguerite.

(2) Villemareuil ne fut séparé de St-Fiacre pour être érigé en paroisse distincte qu'en 1549 par l'évêque Jean de Buz, natif de Villemareuil, dont la famille possédait depuis longtemps la seigneurie. On voit dans ce lieu les tombeaux de plusieurs de ces seigneurs et celui de l'évêque lui-même.

en deux parties à peu près égales ; ces deux parties formaient deux archidiaconés, comprenant ensemble plus de 230 paroisses ou églises succursales. L'archidiaconé du nord de la Marne était appelé celui de France, et l'autre au sud, celui de Brie.

Il serait fastidieux de s'étendre davantage sur ce sujet, mieux connu des prêtres, qu'il intéresse seuls, que de nous-même.

La terre de Crécy avait titre de comté (1).

Jusqu'à sa réunion à la couronne,

---

(1) Jusqu'à la révolution, Crécy fut aussi le siége d'un bailliage, d'une sénéchaussée et d'une maîtrise particulière des eaux et forêts; une gruerie supprimée par le duc de Penthièvre y était annexée ainsi que 24 gardes-traversiers.

La justice fut longtemps rendue au nom du roi, puis elle le fut au nom du comte d'Eu, par suite de l'échange de 1762; les appels de ce bailliage relevaient nuement au parlement, les cas royaux à Meaux, sauf l'appel. (coutume de Meaux). — La coutume locale était pour droit d'ensaisinement, dans la Châtellenie de Crécy de 20 deniers tournois par franc.

La maîtrise d'abord établie à Meaux en février 1554 fut

Crécy compte parmi ses seigneurs, des hommes recommandables non moins par leur naissance que par leurs dignités, et dont les priviléges s'étendaient fort loin ; ils avaient la garde du prieuré de La Celle ; tous les moulins sur le Grand Morin, dans une certaine étendue, leur appartinrent pendant long-temps ; les villages de Pont-aux-Dames, de Couilly, en partie, de Saint-Germain ont aussi dépendu de leur domaine (1). Ils avaient encore sur la commune d'Esbly, cent arpents de pré depuis l'an 1500, époque à laquelle Gaucher de Châstillon avait

---

reportée à Crécy peu de temps après. En 1772, sa juridiction s'étendait fort loin : l'ancien bailliage de Château-Thierry en faisait partie, pour ce qui est à la rive gauche de la Marne.

Saint-Germain-lès Couilly avait cessé d'appartenir aux comtes de Crécy dès le XVIIIe siècle ; mais en 1775, le comte d'Eu, seigneur de cette ville, réunit à son domaine la seigneurie de Bouleurs ; avec haute, moyenne et basse justice, qui jusque-là avaient appartenu aux seigneurs de Quincy. Trois fiefs ressortaient de cette féodalité : Villuiers Orgemont et la Croix ; les deux premiers appartenaient au prince Louis de Rohan et celui *la Croix* au seigneur de La Chapelle-sur-Crécy.

fait dessécher en ce lieu un étang de la même étendue ; long-temps les habitants d'Esbly payèrent chaque année, 5 livres 11 sous au domaine de Crécy pour le droit de pâturage qu'ils avaient seuls dans cette prairie.

Vers la fin du IX° siècle, lorsque Héribert, descendant de Bernard, petit-fils de Charlemagne, vint, à la tête de son armée, prendre des villes et agrandir ses provinces dans la Brie, la ville de Melun et quelques autres comtés restèrent au pouvoir du roi ; celui-ci donna alors le comté de Melun, à un de ses barons nommé Bouchard.

En 994, la terre de Crécy était possédée par ce même Bouchard : c'est le premier comte de Crécy que l'on connaisse ; par son mariage avec Élisabeth, veuve d'Aymoin, Bouchard devint comte de Corbeil et de Vendôme, et favori de Hugues Capet.

Bouchard mourut en l'an 1012.

C'est le fondateur de la maison de Montmorency, l'une des plus anciennes et des plus illustres de France ; il était sire de Montmorency. Les chefs de cette maison portaient autrefois le titre de premiers barons chrétiens, ou premiers barons de France ; elle a fourni 10 connétables, et un grand nombre de maréchaux et de généraux ; elle est représentée aujourd'hui par le duc de Montmorency, ancien pair, le prince de Montmorency, le baron Raoul de Montmorency, et le comte de Montmorency-Luxembourg.

Après Bouchard, les seigneurs qui possédèrent le comté de Crécy, sont :

Guy de Montlhéry ou Guy-le-Rouge, deuxième fils de Guy 1er et d'Hodierne de La Ferté-Aleps. Guy était né au commencement du XIe siècle et descendait de la maison de Montmorency par son grand-père Thibault, dit File-étoupe, 2ᵉ fils de Bouchard; il était aussi comte de Rochefort et devint sénéchal de France, premier ministre sous Philippe premier, et enfin, beau-père de Louis-le-Gros à qui il avait fait épouser sa fille Luciane. Après la mort de son neveu Guy-Troussel, seigneur de Monthléry, La-Ferté-Aleps et autres lieux, Guy-le-Rouge rechercha sa veuve en mariage et l'obtint; tant de crédit, un rang si élevé, des biens immenses, tout avait séduit Adelaïde ou Alix de La Ferté; par ce mariage il était devenu seigneur de La Ferté, de Montlhéry, etc, etc, ce qui ne l'empêcha pas de répudier sa femme pour épouser Élisabeth, veuve d'un descendant de Bouchard, qui le fit encore comte de Crécy. De ce dernier mariage naquirent trois fils dont le second, Hugues, succéda à son père dans ces domaines.

Guy était au faîte des grandeurs, il

se suscita des ennemis qui l'en firent descendre; on fit d'abord rompre le mariage de sa fille Luciane avec le roi Louis-le-Gros : de là partit la décadence du comte de Rochefort et de Crécy. Il se retira du ministère, de la cour, et entra, pour ébranler le trône, dans des factions, à la tête desquelles était Thibault, comte de Chartres; on lui enleva Chevreuse et plusieurs autres places; après quelques mois de revers il mourut et fut enterré dans l'église du prieuré de Gournay qu'il avait fondé.

Vers 1108, Hugues de Montlhéry, connu plus tard sous le nom de Hugues de Crécy, seigneur de Gournay, Pomponne, Chateaufort, guerrier illustre, deuxième fils de Guy-le-Rouge, à qui il succéda dans le comté de Rochefort, dans la seigneurie de Crécy et comme sénéchal de France, avait déjà combattu sous les yeux de son père avec une brillante valeur ; il poursuivit après lui ses projets de vengeance comme une dette sacrée.

Hugues était un esprit inquiet qui portait tout à l'excès ; il vit avec une peine profonde la dissolution du mariage de sa sœur Luciane et mit tout en usage pour venger cet affront. Son premier soin fut de fortifier Crécy dont il fit aisément une place formidable, le Morin lui venant en aide (1) ; ensuite il se fit un parti de plusieurs seigneurs mécon-

---

(1) Les superbes et rares débris, encore debout, les tours et les doubles remparts de Crécy, attestent assez leur importance, leur beauté et leur solidité pour nous dispenser d'entrer dans aucun détail à ce sujet. — Au XIIe siècle, lors de la fortification de cette ville, toute sa partie sud-est, comprise entre le Morin et le premier brasset, devint la propriété seigneuriale ; un manoir y fut élevé et environné lui-même de fortifications formidables dont les fondations, encore visibles en quelques endroits, n'ont pas moins de 2 m. 30 c. d'épaisseur. — On prétendrait à tort faire remonter l'origine du château et des fortifications de Crécy à 930 ans avant J.-C., les attribuant au duc d'Hibros que nous avons nommé page 12. Deux pièces de monnaie frappées sous Philippe-le-Bel viennent d'être récemment découvertes (1851) dans la propriété seigneuriale, sous les fondations d'un ancienne tour et justifient encore nos allégations.

tents à la tête desquels étaient les comtes de Melun et de Mantes, les seigneurs du Puiset, en Beauce, de Coucy, de Montfort, et même le roi d'Angleterre possesseur du duché de Normandie ; il porta le fer et la flamme partout, et se rendit si redoutable qu'il ébranla plus d'une fois le trône par divers mouvements excités dans l'état ; le roi résista avec courage et prudence, employant tantôt la force, tantôt l'adresse pour dissiper ce parti puissant.

Ce fut à la suite de ces luttes que Louis-le-Gros se décida à prononcer l'affranchissement des communes. Suivant les mémoires du temps, on voyait Hugues continuellement « courre à » main armée, attaquer, ravager le plat » pays ; tuer, brûler à droite et à gauche, » malgré les efforts du roi et de son ministre, beau-frère de Hugues. Il était dans un tel désespoir qu'il ne pardonnait à qui que ce fût, pas même à ses plus proches parents lorsqu'ils lui étaient suspects et qu'ils tombaient entre ses mains : Eudes, comte de Corbeil, son frère utérin, et l'un des plus grands seigneurs de la cour, ayant refusé de le servir, Crécy se saisit de sa personne un jour qu'il était en chasse, et l'envoya au château de La Ferté-Alaix où il le retint prisonnier jusqu'à ce qu'il se fût emparé du château de Corbeil qu'il ne posséda pas long-temps. Hugues de Crécy, à la fin, ne pouvant plus tenir contre l'armée du roi et se sentant abandonné des siens, se retira à Crécy comme dernier refuge ; enfin, le roi devenu maître des rébelles, les priva de leurs biens et en tint quelques-uns en prison. Hugues se vit dépouiller successivement de tous ses biens, excepté du lieu de sa retraite, et finit ses jours dans un cloître, sans postérité.

Après la mort de Hugues, sa sœur Luciane lui succéda dans le château de

Crécy ; après la dissolution de son mariage avec Louis-le-Gros, elle s'unit à Guichard III qui mourut en 1137.

Humbert de Beaujeu, leur fils, prit ensuite possession du domaine de Crécy ; il avait épousé Alix de Savoie. Vers l'an 1156, il fit le voyage de la terre sainte et se retira plus tard chez les Templiers sans le consentement de sa femme qui reclama auprès d'Héraclius, évêque de Lyon, et de Pierre, abbé de Cluny ; Humbert fut obligé de rentrer au toit conjugal, mais à la mort de sa femme, il reprit l'habit monastique, et mourut religieux de Cluny, en 1174.

En 1177, un nommé Pierre était vicomte de Crécy ; il vendit, en cette année, aux religieuses de Noëfort, prieuré situé vers Dammartin-en-Goëlle, la terre de Montdenis, sur la paroisse de Sancy, qui dépendait de son domaine depuis qu'il en avait fait acquisition de Girad de Brégy.

En 1203, Gaucher de Chastillon, seigneur de La Ferté-Gaucher, comte de Saint-Paul, était aussi comte de Crécy ; il fonda, avec Élisabeth, sa femme, l'hôpital et l'église de Villeneuve-le-comte-Saint-Paul. En 1216, il bâtit une chapelle dans son château de Crécy ; c'est la plus ancienne, en ce genre, que l'on connût dans le diocèse de Meaux : c'est la tour de cette même chapelle que nous voyons, de nos jours, à l'église paroissiale.

Robert II comte de Dreux et de Brie, sa fille Alix, Guy de Chastillon, fils de Gaucher, et après lui, Hugues de Chastillon, son successeur, jouirent du comté de Crécy jusqu'en 1226 ; ce dernier avait épousé Marie Gaultier d'Avesnes, et il fonda avec elle, le fameux couvent du Pont, commune de Couilly, depuis nommé Pont-aux-Dames ; il combla de richesses cet établissement qui devint un des plus opulents couvents de France ;

Gaucher, sire de Saint-Agnan, père du grand connétable, lui succéda et eut pour successeur :

Gaucher de Chastillon, son fils, chevalier, comte de Porcéan, connétable de Champagne, puis grand connétable de France ; il était né en 1249, et ne fut seigneur de Crécy que pendant quelques années dans sa jeunesse ; il avait épousé Isabelle de Dreux. Ce fut lui qui décida le jeune roi Philippe IV à venger le comte de Normandie, son cousin, et il eut à cœur d'accompagner lui-même son roi, sous les yeux duquel il combattit vaillamment malgré ses 80 ans.

Furent ensuite successivement comtes de Crécy : Thibault V, Henri III, dit le Gros, son frère, dernier comte de Champagne, qui mourut à Pampelune, le 10 juillet 1274, laissant de Jeanne, fille de Robert, comte d'Artois, frère de St-Louis, pour fille unique et seule héritière de ses biens, Jeanne de Navarre, comtesse palatine de Champagne et de Brie, qui porta la terre de Crécy en mariage, à Philippe-le-Bel, le 16 août 1284.

Jeanne de Navarre vint souvent visiter Crécy qu'elle affectionnait; elle mourut le 2 avril 1304, âgée de 33 ans seulement.

Par suite du mariage de Jeanne, le comté de Crécy, comme toute la Champagne et la Brie avaient été réunis à la couronne ; la ville, la seigneurie et la forêt de Crécy firent dès-lors, partie du domaine royal,

Charles-le-Bel y vint souvent passer quelques jours ; la reine sa femme, et ses enfans y venaient aussi assez assiduement ainsi qu'aux châteaux de Coulommiers et de Becoiseau, commune de Moressart (Mortcerf).

Le roi se qualifiait des titres de comte de la Marche et de Bigorre, de sire de Crécy et de Feugières.

Depuis la mort de Jeanne, le château de Crécy vit insensiblement diminuer le nombre de ses nobles visiteurs et bientôt il resta tout-à-fait inhabité, ce qui ne dura pas moins d'un siècle. Vers l'an 1465, mal entretenu et désert, ce castel autrefois si animé, si élégant, tombait en ruines et ne fut point réparé ; les fortifications de la ville également négligées, se dégradaient ; quelques tours furent transformées en habitations inoffensives, d'autres, même, furent démolies et supprimées.

Cette même année, 1465, le domaine de Crécy qui appartenait toujours à la couronne, fut donné par le roi Louis XI à Antoine de Chabannes, comte de Dammartin, qui avait partagé les exploits de Jeanne d'Arc, en 1428. Le comté de Crécy, à la mort du comte de Chabannes, arrivée en 1485, retourna à la couronne ; enfin, le roi, en expiation de quelque grand péché, sans doute, y établit des moines qui ne manquèrent pas de lui promettre force prières et expiations. (1) Ainsi, ce fier manoir qui avait été si longtemps un nid d'aigles, devint un nid de fainéants : autres frelons de la grosse espèce qui se rencontrent partout où il y a de vertes prairies et de riches vergers émaillés de fleurs, en un mot, du miel à butiner et d'infatigables abeilles.

Ils y restèrent depuis 1641, jusqu'en 1729, époque à laquelle ils furent transférés dans un vaste local situé à la porte de Meaux. (2)

---

(1) Le duc de Coislin possédait par engagement le château de Crécy, quand Louis XIII y fonda, en mars 1641, un couvent de missionnaires avec un revenu de 4,000 livres pour l'entretien de huit prêtres et de deux frères de la congrégation. En même temps, Pierre Lorthon, secrétaire de la reine, dota ces religieux d'un semblable revenu. Les malheurs des temps ayant considérablement réduit ce couvent, deux évêques de Meaux le rétablirent en 1676 et en 1729.

(2) L'emplacement de ce couvent détruit à la révolution, est aujourd'hui en partie occupé par la gendarmerie.

En 1762, le comte d'Eu échangea le château de Crécy avec le roi, contre sa principauté de Dombes et en devint ainsi seigneur.

Enfin, son filleul et légataire universel : le duc de Penthièvre en fut le dernier seigneur. Ce prince, modèle de vraie grandeur, de bienfaisance et de vertus chevaleresques, a laissé à notre ville de hauts témoignages de sa munificence et dans le cœur de chaque habitant des germes de gratitude et de respect qui se perpétueront d'âge en âge. (1)

Par suite d'une transaction survenue entre M. le duc de Penthièvre et M. Ménage de Mondésir, seigneur de La Chapelle-sur-Crécy, en date de 1784, M. Ménage a cédé au seigneur de Crécy

---

(1) On doit à ce prince, outre la reconstruction de l'église, de notables travaux à l'hôtel-de-ville, le pavage du marché et de quelques rues de Crécy, et des actes de bienfaisance sans nombre.

tous les droits seigneuriaux qu'il possédait dans cette ville dont une portion faisait partie de la paroisse de La Chapelle. (1)

L'époque de la Révolution arriva et Crécy fut compris dans le département de Seine-et-Marne, par la division départementale effectuée en 1790.

Après avoir soigneusement établi l'ordre chronologique des illustres possesseurs de l'antique manoir de Crécy, jetons un regard retrospectif sur des faits généraux qui intéressent à divers dégrés la Brie, Crécy et les communes du canton de Crécy.

Dès le douzième siècle, la Brie entière

---

(1) Avant la loi du 4 mars 1790, mise à exécution seulement au mois de novembre 1792, toute la portion de Crécy comprise au-delà du brasset d'eau, dit du marché, (c'est-à-dire la rue des Caves, la rue des Huiliers et la rue Jean-de-Compans) dépendait de la municipalité et de la Paroisse de la Chapelle. La partie la plus ancienne de Crécy, appelée Le Bourg, était seule du ressort de la ville, le marché faisait partie des deux paroisses simultanément.

tenait un rang distingué par l'industrie et le commerce ; dans quelques villes de cette partie de l'Ile-de-France, les comtes de Champagne avaient formé des manufactures et des fabriques ; bientôt des foires considérables qui s'établirent à Meaux, à Provins, à Coulommiers accrurent encore la valeur commerciale de nos contrées. Crécy était surtout florissant, c'était après Melun, Montereau, Meaux, Provins et Lagny, l'une des plus belles et des plus fortes villes de la partie de la Brie qui forme aujourd'hui notre département.

Cette heureuse prospérité s'accrut jusqu'au quatorzième siècle ; à cette époque, plusieurs villes de nos provinces eurent à souffrir des guerres civiles et par suite de cette tempête révolutionnaire, notre ancienne prospérité eut bientôt disparu par le changement des centres de commerce.

C'est alors que la Brie était à son plus haut point de splendeur que l'on vit s'élever aux XIIe et XIIIe siècles, ces châteaux qui en font encore aujourd'hui l'ornement.

C'est aussi de cette époque que datent certains établissements religieux et industriels et ces chefs-d'œuvre d'architecture qu'on retrouve dans le couvent de Pont-aux-Dames, les moulins sur le Grand-Morin, l'hôtel-Dieu de Crécy (1) et l'église de La Chapelle-sur-Crécy.

Sur la fin du XIIIe siècle, Troyes, Meaux et Provins ne formaient encore qu'un seul et même baillage ; ce ne fut qu'en 1297, que Philippe-le-Bel, devenu possesseur de la Brie, s'empressa d'y

---

(1) Crécy possédait dès l'an 1217 un hôtel-Dieu de nomination royale, dédié à St-Jean, tenu par des hommes et destiné exclusivement aux habitans du lieu. — Il y avait aussi à la porte Dame-Gille, hors la ville, une maladrerie dédiée à saint Michel, dont la chapelle existait encore vers la fin du XVIIIe siècle. En mars 1695, le roi réunit cette maladrerie à l'hôtel-Dieu, remplacé lui-même, en 1806, par l'hospice civil tenu par des sœurs de St-Joseph, de Lyon.

introduire les justices royales, et institua un bailli particulier pour Meaux et Provins, c'est-à-dire pour la Brie entière.

Après la paix qui, de nouveau, avait laissé le pays en repos pendant cette période, survint une suite de malheurs qui le mirent à deux doigts de sa ruine : la peste noire apparut d'abord, ensuite l'invasion des Anglais, puis la Jacquerie et ensuite les guerres des Bourguignons.

La peste noire (sorte de lèpre) qui fit tant de ravages dans nos environs, sévit cruellement sur notre ville de Crécy. L'intensité du fléau y fut telle, que les habitans effrayés fuirent leurs maisons, délaissant leurs proches parents déjà atteints et s'inquiétant peu de leur sort; on vit des époux abandonner leurs épouses, des mères leurs filles, des fils leur vieux père et les laisser mourir sans le moindre secours, sans la moindre consolation, comme la bête sauvage dans son terrier.

Il semblait que la ville seule eût été menacée de sa ruine totale; les fuyards égoïstes se retirèrent en grande partie, croyant échapper au danger, sur un terrain élevé, près du chemin qui conduit de Crécy à Bouleurs, un peu au-dessus de Bel-Air ; là, ils se construisirent des huttes où ils vécurent plusieurs mois ; chaque jour, cependant leur nombre diminuait : beaucoup d'entr'eux furent atteints de l'épidémie qu'ils avaient mis tant de soin à fuir et périrent misérablement ; les survivants ne rentrèrent dans leurs foyers, qu'après la disparition complète du fléau, et le lieu où ils s'étaient ainsi retirés, s'appelle encore les Loges.

Plus tard des hordes de misérables ayant à leur tête un roi de leur choix, qu'ils avaient nommé Jacques Bonhomme, marchaient sur la Champagne et la Brie, dans le but d'exterminer les nobles, d'incendier leurs châteaux et de n'en laisser pierre sur pierre. Leur nombre s'éleva à plus de 120,000, mais bientôt la noblesse accourut de toutes parts et tailla en pièces ces êtres non moins âpres au pillage qu'au combat ; chacun savait trop bien que ce qu'ils appelaient : patriotisme, liberté, c'était : dévastation, violence, assassinat ! Ils furent battus, notamment à Meaux qu'ils avaient assiégé au nombre de 9,000, dont la plus forte partie resta sous les murs de la citadelle.

Si nous eussions écrit il y a seulement un demi-quart de siècle, la Jacquerie et les Jacques fussent tombés de notre plume, comme une vieillerie sans actualité, sans la moindre valeur ; mais, nous vivons dans des temps extraordinaires tout gonflés d'orages. Des hommes dignes de foi ayant affirmé que des bandes de Jacques auraient reparu récemment dans quelques-uns de nos départements de France, ne conviendrait-il pas de faire connaître, ici, catégoriquement ce qu'étaient en effet les Jacques ?

Voici au surplus, ce qu'en dit un de nos meilleurs écrivains contemporains : « Le paysan français était au
» 14ᵉ siècle ce qu'il est encore de nos
» jours, placide, peu guerroyeur, plus
» attaché à la charrue qu'aux idées. Ce
» qu'on appela la Jacquerie ce n'était
» point une révolte de paysans, c'était
» le brigandage d'une armée licenciée
» et réduite à chercher pâture dans
» l'oppression. Les paysans ne furent pas,
» dans le principe, des Jacques. Plus
» tard, ils rendirent évidemment horion
» pour horion, ce furent des reîtres.

» Les reîtres ou routiers ont été pour
» la France, ce qu'étaient les lansque-
» nets pour l'Allemagne, des bandes
» indisciplinées, vivant de maraude en

» temps de paix, de pillage en temps de
» guerre. Débris de nos guerres contre
» les Anglais, contre l'Allemand et les
» infidèles, restes de nos dissensions
» civiles, les routiers se recrutaient par-
» mi les enfants perdus des grands
» chemins. C'étaient, pour la plupart,
» des gens de labour fatigués d'ensemen-
» cer pour le pillage ; chez eux se ren-
» contraient parfois de riches hommes,
» bourgeois et autres, tels que bâtards
» reniés, clercs censurés, fils nobles
» dégradés, feudataires dépossédés. Ce
» ramassis d'hommes de tous états et
» de toutes conditions vivaient aux
» dépens du plat pays. Un peu voleurs,
» un peu brigands mais pleins d'audace
» et de résolution, ils n'obéissaient ni
» au roi, ni à l'église, ni aux communes,
» mais à celui qui les payait le plus
» grassement, s'appelât-il Charles-le-
» Mauvais, choisissant leurs capitaines

» parmi les plus braves, les plus habiles
» à rançonner Jacques Bonhomme sans
» qu'il criât trop. Dire à quelle triste
» condition ils avaient amené, les
» Jacques aidant, ce beau et plaisant
» pays de France, c'est chose qui fend
» le cœur. Il n'y avait plus de sécurité
» sur les grandes routes. On y massacrait
» en plein jour, malgré les sauf-conduits
» payés très-cher. L'incendie, le massa-
» cre et le pillage étaient faits journa-
» liers. La dépopulation des campagnes
» était grande, on ne labourait plus,
» on n'ensemençait plus, les églises
» étaient fermées ; plus de cloches, sauf à
» Notre-Dame de Paris, encore y disait-
» on tous les offices à la fois. Les monas-
» tères avaient été pillés et détruits.
» Précaution foudroyante! l'abbaye de
» St-Agnan avait été saccagée par les
» habitants de la ville, dans la crainte
» que leur butin ne tombât en d'autres

» mains que les leurs ! On ardait fort de
» tous côtés. Tandis que les duchesses
» d'Etampes, de Normandie et d'Or-
» léans suivies de 300 demoiselles, se
» renfermaient en grande hâte dans
» le marché de Meaux, où elles tinrent
» bon jusqu'à l'arrivée des gens d'armes
» qui les délivrèrent, les nonnains de
» Poissy, de Noyon, de Senlis, cher-
» chaient un refuge jusque dans les murs
» de Paris, contre ces chiens enragés.
» Car, dit Froissard, *certes oncques*
» *n'advint entre chrétiens et sarrazins*
» *forceneries telles que créature ne*
» *devrait oser penser, avouer ni regar-*
» *der*. Je laisse à deviner la terreur qui
» régnait dans ce malheureux pays. Les
» villes et gros bourgs payaient rançon
» pour n'être point assiégés et ardis,
» les paysans entouraient leurs villages
» de fossés, crénelaient leurs églises, et
» chacun à son tour montait la garde au

» haut du beffroi pour donner l'alarme à
» son de trompe en cas de danger. Le
» danger venu, on détalait. Sur la Loire,
» les habitants du plat pays, couchaient
» dans des bateaux amarrés, au milieu
» de la rivière.

» Cependant que faisait la noblesse ?
» — Elle repoussait énergiquement la
» force par la force, et ressaisissait,
» où elle pouvait, ses propres dépouilles.
» Le Navarrais avait des soldats de tous
» pays, Allemands, Danois, Brabançons,
» Bohémiens, Navarrois, Anglais, Fran-
» çais même, parce qu'il payait bien et
» permettait tout. Les bandes de routiers
» faisaient quelquefois trente lieues dans
» une nuit pour surprendre une garnison
» et l'égorger. La garnison d'Epernon
» brulait Nemours, et plusieurs villes en
» Gâtinais; Foulques de Laval incen-
» diait la Beauce avec une troupe de
» bretons. Le gallois Griffith et de Knolls

» prenaient Saint-Arnould, Etampes et
» Montargis; Pierre d'Andilly s'était attri-
» bué la Champagne, qu'il désolait avec
» l'écuyer allemand D'Albrecht. Dans
» le Laonnais, l'allemand Frank Henne-
» quin surpassait tous ces routiers en
» paillardise et férocité basse. On pillait
» au nom du roi prisonnier en Angle-
» terre, au nom du dauphin, au nom
» du régent. Comme dans toutes les
» séditions, il y avait des capitaines
» qui faisaient la guerre pour l'amour
» de leurs dames. Eustache d'Ambran-
» court, amant d'Isabelle de Julliers, nièce
» de la reine d'Angleterre, avait pris
» parti contre la France. Il faisait rage
» dans la Brie. C'est un routier qui
» disait au Dauphin, rentrant dans sa
» bonne ville de Paris : Pour Dieu,
» Monseigneur, si l'on m'eût crû, vous
» ne fussiez jamais rentré ici. Et comme
» le comte de Tancreville voulait tuer

» le manant, le dauphin s'y opposa,
» disant : On ne vous croira pas, beau
» sire. »

« Le dernier des routiers, celui qui
« les éclipsa tous par sa cruauté, sa
» rapacité et sa bravoure fut le breton
» Du Guesclin. Il ravageait au nom du
» roi ; car, disent les chroniqueurs, il
» étoit jeune et amoureux durement et
» entreprenant, il fit en ce temps plu-
» sieurs belles bacheleries et grandes
» appertises d'armes. D'ailleurs, Du
» Guesclin a délivré le pays des routiers
» en les conduisant en Espagne, d'où
» ils ne revinrent guère plus que nos
» pauvres soldats en 1809. De tout
» temps, le sol espagnol a dévoré les
» armées françaises. »

Les Anglais s'étaient battus quelque temps auparavant dans nos contrées, mais à cette époque, ils avaient disparu.

Vers 1382, pendant les guerres civiles,

Charles VI ordonna de détruire tous les moulins situés sur la Marne ; les routes alors étaient impraticables, et l'on ne voyageait que sur eau, d'où il résultait que ces usines servaient souvent de refuge à l'ennemi ; quelques moulins situés sur le Grand-Morin éprouvèrent le même sort, pour le même motif.

En 1385, survinrent de nouveaux désordres dans le diocèse de Meaux, ce furent les guerres de religion ; une partie des églises voisines furent pillées et profanées.

Les fortifications qui rendaient Crécy redoutable, malgré leur affaiblissement, en feront plus d'une fois, pendant la Ligue, le refuge des hommes d'armes de l'un et l'autre parti alternativement.

Après l'assassinat du duc d'Orléans, en 1407, la guerre se déclara, avec une violence nouvelle, dans la Brie ; Melun, Meaux, Crécy, Lagny furent, tour-à-tour, ravagés par les Armagnacs et les Bourguignons ; ces derniers s'étaient emparés de Crécy ; les Armagnacs ne possédaient plus que Meaux et Melun, dont bientôt les Bourguignons, encore, devinrent maîtres.

Pendant dix années, à peu près, le pays resta au pouvoir de l'étranger et fut, assez souvent, le théâtre de massacres et de pillages odieux. Le sort des habitans des campagnes environnant Crécy fut surtout déplorable : rançonnés par l'un et l'autre parti, ils s'enfuyaient à l'approche de l'ennemi; les champs restaient incultes et la population était décimée par les armes ou par la misère ; à Villeneuve-le-Comte qui se trouve à sept kilomètres de Crécy, il ne survécut que fort peu d'habitants. C'est alors que Jeanne-d'Arc vint relever la France en faisant sacrer Charles VII à Rheims, après avoir fait lever le siége d'Orléans.

De ce jour, nos populations respirèrent ; la garnison anglaise fut chassée de tous ses postes par le roi qui vit s'ouvrir devant lui les portes de Crécy, comme l'on avait arboré le drapeau français, sur son passage, à Provins et autres villes. Il y eut bien encore quelques escarmouches jusqu'en 1456, où un dernier combat fut livré aux Anglais sur le terrain, dit depuis, *Champ des Anglais,* situé près de Coulommiers.

Vers le commencement du siècle suivant, en 1509, on sentit le besoin de réorganiser l'ancienne législature de nos provinces, et le conseiller de Thou fut chargé de ce soin en 1558.

Le XVI⁰ siècle fut encore un temps de troubles et de guerres pour la Brie.

Ce fut à Meaux que la réforme prit naissance et c'est dans cette ville aussi qu'eurent lieu les premières exécutions sanglantes; Crécy possédait bien quelques familles de réformés dans ses murs, mais il fut alors, comme toujours, modéré et pacifique.

En 1560, les huguenots firent de grands ravages dans les églises de Quincy, Condé, Villiers, Coulomme, Boutigny et autres lieux du diocèse de Meaux ; Crécy n'eut, par une incompréhensible exception, aucun trouble grave à déplorer.

Vers 1577, lorsque la Ligue vint à son tour, agiter notre pays et en ruiner certaines parties, nous n'avons heureusement à mentionner pour le compte de notre ville, que de légères escarmouches en comparaison de l'assaut de Lagny, du pillage de Château-Landon et de ces affreux massacres qui désolèrent tant d'autres lieux.

Pendant la nuit du 21 au 22 juillet 1590, un corps d'hommes armés partit de Crécy, sous la conduite d'un nommé

Thomas de Bours, natif de Marcuil, où il y avait quatre compagnies d'arquebusiers à cheval, du parti de la Ligue; Bours qui était capitaine pour le roi et ne demandait pas mieux que de se distinguer par quelque action d'éclat, sur sa terre natale, place les trois seuls tambours qu'il eût, à distance autour du pays et leur ordonne de battre la charge en même temps. Victimes de ce stratagême, les ligueurs effrayés se réfugient dans l'église et s'y préparent à une résistance désespérée; de Bours poussé par son bouillant courage, s'avance fièrement à la tête de sa poignée de soldats et veut forcer les ligueurs, mais il est renversé sur la place, au premier choc, et expire en même temps que son premier lieutenant atteint d'un coup mortel à ses côtés; le reste de la troupe se trouvant sans chefs, se replie sur Crécy où il arrive en assez bon ordre et ramenant 46 chevaux de l'ennemi. De Bours et son officier furent enterrés dans l'église de Mareuil-lès-Meaux.

Le cardinal Cajétan, retournant à Rome en septembre 1590, voulut passer par Meaux ; ses bagages étaient conduits par quelques espagnols peu sur leurs gardes ; La Bastide gouverneur de Crécy, en ayant reçu avis, s'avance avec une trentaine de cavaliers armés, s'empare du bagage et le ramenait à Crécy, lorsque les espagnols, revenant à la charge avec fureur, le culbutent et reprennent le butin après avoir fait La Bastide leur prisonnier.

A un an de là, le 8 août 1591, des bouchers de Paris escortés par le capitaine Desloges, à la tête d'un faible détachement, et conduisant environ 500 pièces de gros et menu bétail, furent attaqués par la garnison de Crécy, tout près de Quincy ; Desloges fut tué ainsi que quelques soldats et trois ou quatre bouchers; le bétail capturé fut conduit à Crécy.

Le 11 octobre, le sieur de Vitry-Rentigny, ancien gouverneur de Boissy-le-Châtel et alors gouverneur de Meaux, partit dans la nuit avec sa cavalerie et quelques hommes de pied, afin de surprendre, le lendemain matin, à l'ouverture des portes, la ville de Crécy qui tenait pour le roi. Pour y mieux réussir, Rentigny avait fait déguiser quelques uns de ses soldats en filles, d'autres en vignerons, cachant leurs armes sous leurs habits; le capitaine Dupéché, gouverneur de La Ferté-Milon s'était joint à eux; mais leur entreprise fut découverte et leur ruse sans effet. La garnison de Crécy était sur ses gardes et rendait ruse pour ruse: un de ses éclaireurs la mit à même de faire bonne réception aux agresseurs qui ne purent tenir et s'en retournèrent avec perte.

On pourrait citer plusieurs autres faits de cette nature, mais nous craignons que nos lecteurs ne les jugent quelque peu fastidieux et nous ne voudrions pas mériter le reproche d'une ennuyeuse diffusion. (1)

Enfin tous ces troubles expirèrent lors de la Fronde ; le prince de Condé, chef de ce parti, après s'être emparé de Lagny en 1649, essaya en vain d'entrer à Brie-comte-Robert ; les Lorrains, sous la conduite de leur duc, vinrent dans nos environs, et après avoir pillé le prieuré de Grandchamp, ravagé Meaux, passèrent à Crécy qu'ils traitèrent avec ména-

---

(1) Le château de Bélou, commune de Boutiguy, et les villages de Condé, Quincy et la Chapelle furent tour-à-tour assiégés et pris d'assaut par les Ligueurs pendant les années 1589, 1590 et 1591. En 1590, ils attaquèrent aussi le château-fort de Coulomme, mais leurs efforts furent vains : ils perdirent quelques soldats et livrèrent la commune au pillage.

gement et se dirigèrent sur Coulommiers qui eut le sort de Meaux.

Depuis ce moment, notre ville et les pays voisins furent exempts de troubles jusqu'en 1814 ; ici se présente naturellement un fait qui, bien que postérieur à l'époque qui devait former la limite de ce chapitre, trouvera place en cet endroit.

En février, mars et avril 1814, les armées coalisées occupèrent le département de Seine-et-Marne, allant vers Paris ; durant neuf jours, Crécy, Villiers, La Chapelle, furent la résidence des Cosaques ; leurs camps étaient dressés dans les prés de Saint-Martin et dans la vaste pièce de terre située à la Porte de Meaux, connue sous le nom de la Coûture. Les habitans des campagnes voisines, maltraités, pillés, volés comme ceux de notre ville, voulurent d'abord opposer une vive résistance, mais contraints de plier, ils se retirèrent comme eux, en grande partie, dans la forêt de Crécy où les barbares n'eussent osé les poursuivre. Déjà Couilly et Condé en avaient plongé un bon nombre dans les eaux du Morin.

Crécy faillit être incendié ; cet ordre cruel donné sur de faux rapports, fut révoqué par le maréchal Barclay de Tolly, en reconnaissance des bons soins prodigués par nos compatriotes, à ses soldats blessés. En quittant notre ville, les alliés allèrent à Meaux dont ils firent sauter la poudrière, puis se dirigèrent sur Paris. On sait qu'il s'était livré à Meaux, un combat acharné qui décida du sort de la France.

Crécy, de tout temps, se montra paisible ; jamais, même en temps de révolution, des excès ne le souillèrent comme sa voisine la ville de Meaux, en apparence si calme, et qui fut la seule du département qui eut ses septembriseurs lors de la révolution, comme deux siècles auparavant elle avait eu sa Saint-Barthélemy.

Pendant la révolution française quand le voisinage de Paris était une calamité ; quand le mérite, la noblesse, les titres, la richesse, les honneurs étaient les crimes qui conduisaient à l'échafaud, nous sommes heureux de dire que la population de Crécy, administrée avec sagesse, est restée calme et digne pendant cet orage ; la tourmente révolutionnaire retentit pourtant dans notre ville comme dans le reste de la France : ce fut même une de celles qui eurent le plus à souffrir sous plus d'un rapport.

Si la ville de Crécy ne brille point dans l'antiquité, par des citoyens illustres (1) l'histoire n'a non plus à buriner

---

(1) Nous ne devons pas omettre cependant, de rendre hommage ici à la mémoire de Camus, l'un de nos plus fameux mathématiciens, natif de Crécy.

Charles-Etienne-Louis Camus, reçut le jour le 25 août

sur sa page, le nom d'aucun grand scélérat.

Donc, Créey, tu as eu un manoir féodal, habité par d'illustres seigneurs, des ducs, des princes, des têtes couronnées ; tu as eu de riches communautés religieuses dans ton enceinte (1)

1699, et fit ses études au collége de Navarre, à Paris. Devenu membre de plusieurs académies savantes et de celle des sciences de Paris, il fit partie en 1737, de la commission de savants envoyée dans le Nord pour déterminer la figure de la terre, Il mourut le 2 février 1768, membre de la Société royale de Londres, examinateur des ingénieurs, professeur et secrétaire de l'académie d'architecture, etc etc. Parmi les ouvrages assez nombreux de ce savant compatriote, nous connaissons : Un cours de mathématiques, qui eut une vogue bien méritée, (Paris 4 vol. in 8° 1766.) Un essai sur l'hydraulique, et des Eléments de mécanique et de mathématiques.

(1) Quatre couvents existaient dans notre ville au XVIIe siècle. Outre celui des Missionnaires dont nous avons déjà fait mention page 42, aux notes, il y avait :

Les Pères minimes, fondés d'abord à Fublaines près Meaux par Poussemie, et transférés à Crécy en 1640. A la révolution, ils habitaient la vaste propriété, qui porte encore leur nom, à l'ouest de la ville ;

Un prieuré de Religieuses Bénédictines, richement doté, fondé d'abord à Mont-Denis, sur la paroisse de Sancy et transféré à Crécy en 1633, sur la demande de la sœur Anne Moriau, dans les bâtiments occupés, depuis, par

et au cœur de tes plus magnifiques prairies, ces communautés relevaient du domaine auquel elles rendaient tribut et hommage ; tu as eu des fossés remplis de l'eau du Morin, des tours crénelées, quatre-vingt-dix-neuf tours solidement construites, (1) hérissées de lances montrant leur pointe dès que le clairon d'alarme avait sonné ; des murs, des contre-murs, des pont-levis dont les énormes madriers ne s'abaissaient sous

---

les Minimes. L'église de ce prieuré fut construite et dédiée en 1641 sous le nom de Crèche de Jésus. En 1733, les religieuses n'étant plus en assez grand nombre, retournèrent à Noëfort, d'où elles avaient été tirées.

Et enfin un autre prieuré de filles charitables dites Miramiones, fondé le 24 avril 1675 par Marguerite Favières, Anne Pelletier, Perette Perrin et Marie Michelet, pour instruire les jeunes filles, orner les autels et secourir les pauvres. Malgré le but philantropique de cet établissement, il n'en fut pas moins en proie à la tourmente révolutionnaire. Depuis sa suppression, les revenus dont il jouissait ont heureusement été réunis à ceux de l'hospice.

(1) Quelques écrivains sur le département de Seine-et-Marne ont prétendu à tort que Crécy n'avait jamais eu plus de cinquante tours.

Le contraire est évident et facile à prouver.

leurs lourdes chaînes, qu'au signal du maître, et alors, étaient protégés par un poste d'élite prêt à la défense, (1) de nobles dames sur leur riche palefroi, d'altiers seigneurs sur leur cheval de bataille, ont souvent parcouru tes rues étroites et tortueuses ; on y voyait aussi des moines en froc et en sandales d'assez mince valeur, mais au ventre d'une proéminence rassurante, à l'œil étincelant sous des paupières impuissantes à en couvrir la flamme, à la face rubiconde et rebondie ; des religieuses, dont quelques-unes d'une rare beauté sous leur

---

(1) Crécy, comme Melun, comme Provins, comme La Ferté, comme Meaux, avait une compagnie d'arquebusiers qui rendit plus d'une fois d'éminents services à ses seigneurs et à sa patrie elle-même. La révolution vit dissoudre cette noble milice. — Le dicton particulier de la compagnie d'arquebuse de Crécy était : Les rognures de Morue. — En 1647, les arquebusiers achetèrent l'emplacement de l'ancienne porte marchande avec l'attérissement qui formait alors le port de la ville, entre les remparts et le Grand-Morin, pour y établir les bâtiments de leur Société. Cette propriété est située à l'extrémité de la rue qui porte encore le nom de l'Arquebuse.

guimpe peu coquette, et d'un port de reine sous la bure grossière qui dissimulait mal leur taille gracieuse, portant un énorme chapelet garni de médailles et de têtes de mort, offrant l'odeur de toutes les vertus, mais précédées de la Dubarry.... la Dubarry ! (1)

Ton Morin, lui-même, fut souvent aussi, le nocturne témoin de cette splendeur, de ces royales voluptés dont nous recueillons le souvenir : le soir, par une lune à demi-voilée, par un ciel tiède et légèrement constellé, une barque à la carène blanche comme le cygne dont elle avait le moëlleux balancement, ornée en proue et sur les flancs d'une couronne de comte, offrant en tête l'oriflamme

---

(1) On sait qu'en 1774, après la mort de Louis XV, c'est au couvent de Pont-aux-Dames que fut reléguée pendant quelque temps la trop célèbre duchesse Dubarry qui, plus tard, porta sa tête sur l'échafaud révolutionnaire.

fleurdelisée des rois de France, quittait gracieusement l'aile sud-est du manoir, fendait les flots conduite par un prudent pilote, ayant à ses ordres, six rameurs élégamment vêtus ; une symphonie délicieuse signalait seule la marche lentement progressive des nobles promeneurs : on eût dit le dieu de l'onde visitant mystérieusement ses humides domaines en compagnie des Tritons et des Nymphes craintives ; cependant, que d'animation, que d'entrain dans cette embarcation ! Des soupirs, des seins haletants, des mains charmantes tendrement baisées, puis pressées par d'autres mains ; en un mot : ce langage muet, si plein de délirantes émotions, suivi du tendre *à demain!* Puis on allait rêver de nouvelles joies, de nouveaux triomphes, de nouveaux bonheurs !

Le lendemain, dès l'aube, les cours

du manoir retentissaient du hennissement des chevaux, de l'aboiement des chiens, des sons aigus du sifflet d'ébène, des clameurs confuses de la valetaille ; — Bientôt, à un son particulier du cor, dames et cavaliers sautent lestement en selle, comme si l'heure du réveil n'eût pas été devancée ; l'on gagne vivement la forêt où, bientôt, on se livre au plaisir le plus recherché des princes, après l'amour, la gloire et la bonne chère : le cerf est relancé ; chasseurs et chiens poussent un unanime cri d'allégresse, se croisent en tous sens avec une égale ardeur, pénètrent, malgré ronces et ravins, au plus épais des fourrés, où la bête semble s'être acculée après quelques détonations d'armes à feu qu'a répété l'écho fidèle de la montagne, au milieu de cette musique infernale, d'autres disent divine, qui résulte d'une chasse royale ; enfin, tous les coins et recoins de la forêt entendent, avec effroi, le frémissant *hallali!!!* L'inoffensif animal qui a reçu son bourreau une larme à l'œil, sent le froid acier percer ses flancs, s'affaisse, et le rideau tombe jusqu'à nouvelle féerie.

Voilà ce qu'on appelle une vraie vie de prince.... après ?

A côté de ce château fastueux, de ces êtres privilégiés, n'y avait-il donc point d'autres demeures, d'autres habitants ?

Dans une enceinte formée comme il a été dit ci-dessus, ayant sur la seule rive droite du Morin, 150 sur 180 toises de diamètre, existait en effet, un nombre pas mal grand de maisons d'apparence chétive, séparées par des rues étroites, tortueuses et malpropres ; il y avait des familles, bon nombre de familles, offrant un choquant et déplorable contraste avec les hôtes du manoir.

Quand les uns possèdent tout, que reste-t-il aux autres ?.....

Gardons-nous de regarder de trop près le revers de la médaille ; nous sommes bon chrétien et excellent patriote, craignons de raviver d'irritants souvenirs ; prions plutôt que les temps nouveaux soldent aux temps passés une libre compensation, et que la grande nation soit, désormais, une famille de frères, s'aimant l'un l'autre, régie par des lois d'égalité vraie et de pure justice.

Nous avons crayonné l'ancien Crécy, passons à Crécy moderne.

Crécy de 1851, tu t'offres à nos regards, comme une jeune fille fraîchement parée, semillante, coquette, succédant à ta mère chargée d'années et d'infirmités, orgueilleusement affublée d'oripeaux d'un autre siècle. Comme tu es belle sous ta simple parure ! Comme tu es séduisante dans ta naïve simplicité ! Qui peut te voir et ne pas éprouver ces vifs sentiments de sympathie et d'amour qui nous ont, d'abord, subjugué ? Oh, nous t'aimons ainsi, et ce que tu as perdu est plus que compensé par ce qui te reste ! Sois justement fière, élégante petite cité ; d'autres peuvent étaler cet éclat artificiel qui distingue, surtout, les fières rivales de l'incomparable Paris : nulle plus que toi, ne possède ces grâces natives qui sont le type de la beauté.

Située dans une riche vallée, au milieu de vastes prairies, ceinte des eaux du Grand-Morin qui t'isole de toutes parts et se divise complaisamment en divers brassets qui te coupent en trois ilots, pénétrant ainsi de leur eau fertilisatrice jusqu'au cœur de tes bosquets, jusqu'au pied de tes murailles, jusqu'au sein de tes habitations qu'elle enrichit et embellit à la fois ; tes rues sont larges ; quelques-unes ont été récemment garnies de trottoirs ; le sol de presque toutes est couvert d'irréprochables pavés carrés : elles sont, en général, bien aérées, saines, alignées convenablement, et bordées de maisons d'une médiocre élévation, mais gracieuses et garnies à l'intérieur d'un heureux confortable.

Si tes places n'ont rien gagné en étendue, elles sont environnées de beaux magasins remplis de produits des arts, de denrées exotiques et des richesses de la contrée ; elles se couvrent chaque jeudi d'une profusion de ces autres produits qui font la fortune du vigneron et du cultivateur, qui les apportent en échange des premiers ou pour de bel argent comptant.

Aucune ville n'est mieux pourvue de provisions de toute nature, fraîches et à des prix modérés, d'où résulte un bien-être incalculable pour la population.

Ton port est plein d'activité et d'animation ; il présente, à chaque minute, le spectacle d'hommes robustes déchargeant de lourds fardeaux, ou lançant à l'eau des trains d'un poids immense, dirigés par de gais bateliers, vers la capitale d'où ils ramènent d'autres richesses.

Chaque jour t'apporte un nouvel éclat ; les anciennes devantures tombent et sont remplacées par d'autres plus spacieuses, plus riches et plus luxueuses ; le menuisier, le peintre et le vitrier semblent avoir pris à tâche, chacun dans la mesure de ses capacités, de te transformer et de te doter d'un nouveau lustre ; ici, tes châssis du verre le plus fin, rappellent en petit, le fameux Palais de Cristal des superbes anglais ; là, l'ébénisterie fait pâlir les vieilleries du temps passé : partout la peinture à l'huile recouvre, de ses tons agréables, le vil mortier ; c'est à qui se surpassera en luxe et en élégance, à tel point que la ville de la veille ne vient qu'aux genoux de celle du lendemain !

Deux ponts en pierres de taille, et un troisième, dit à l'américaine donnent un libre accès dans ton enceinte (1) que les inondations ne désolent plus qu'à de rares époques et après de longues pluies torrentielles, grâces aux travaux intelligents de l'administration.

Ton petit pont, dit du Marché, (2) aujourd'hui si coquet, avec ses pilastres bistrés, sa grille légère et ses larges trot-

---

(1) Ce sont là les trois portes actuelles de Crécy : la porte de Meaux, la porte de la Chapelle et la porte-Dame-Gille. Autrefois, il en existait une quatrième, la porte Marchande, comme les 3 autres, avec pont-levis et deux énormes tours ; elle fut supprimée au XVIIe siècle, et son emplacement vendu à la compagnie de l'arquebuse.

(2) Ce pont, comme ceux sur les brassets à l'intérieur de la ville, a été, dans l'origine, flanqué de 4 bastions, tandis qu'aux 4 portes, il n'y avait que 2 tours à chaque pont-levis.

Une seule de ces quatre tours du pont du marché est encore debout, c'est celle de l'Hôtel-de-Ville qui sert de prison depuis plusieurs siècles.

toirs ; naguère si étroit, si éraillé, si massif, prouve que l'autorité locale a, elle-même, subi le général entraînement ; encore quelques mois de cette louable émulation, et tu auras atteint le possible.

Il n'est pas jusqu'à ton église paroissiale (1) partie du treizième, partie du dix-huitième siècle, dans laquelle notre respectable doyen, M. Wathiez, a généreusement dépensé ses économies et une part de son patrimoine, afin de la rendre digne des sacrés mystères et de captiver la piété des fidèles, accomplissant ainsi, en quelque sorte, ce que le dernier sei-

---

(1) Ancienne collégiale de fondation royale, dédiée à St-Georges et à Saint-Louis. Les seigneurs de Crécy firent de grands biens aux chanoines de ce chapitre. En 1700, il était encore composé de 6 chanoines, dans la suite leur nombre fut réduit à 4 seulement.

Cette église n'était originairement que la chapelle du château, fondée en 1246 par Gaucher de Chastillon, dans l'enceinte de son domaine. De cet antique monument entièrement reconstruit aux frais du duc de Penthièvre qui en posa la première pierre le 18 octobre 1779, la tour que nous voyons encore à l'église, a seule été conservée.

gneur de Crécy, le duc de Penthièvre, qui en fit construire la principale partie en 1779, n'avait pas eu le temps d'achever, enlevé trop tôt à l'amour et à la vénération des habitans, qui ne se montre jalouse de payer son tribut de splendeur.

Ce bel édifice d'architecture moderne, ne se distinguait intérieurement que par sa nudité, avant ce pieux désintéressement ; tandis qu'aujourd'hui on en admire l'élégance pleine de dignité et de richesse.

Personne n'ignore l'origine de sa magnifique tour qui conserve intègres ses formes et son antique architecture.

Si l'on sort de ton enceinte, les promenades s'offrent d'abord, (1) composant

---

(1) Les promenades, situées sur le territoire de La Chapelle-sur-Crécy appartiennent à notre ville. Elles sont sur un atterrissement dépendant des anciens fossés et remparts, concédé par le comte d'Eu le 13 mai 1766, pour être converti en promenades publiques. Le chemin de Crécy à Bel-Air formait aussi autrefois de belles promenades avec contre-allées, appartenant à la ville ; elles ont disparu lors de la révolution.

une demi-ceinture en dehors de la ceinture diaphane formée par l'eau limpide du Morin ; quatre rangs de jeunes peupliers décorent ces promenades et promettent un frais ombrage contre les ardeurs de l'été ; de chaque côté l'œil est réjoui autant que l'odorat est flatté, par la présence de boulingrins et de massifs de fleurs variées d'un choix exquis, ornant la guirlande de petits parterres attenant aux habitations auxquelles on communique par de légères passerelles jetées sur le brasset de circonvallation ; ou bien encore situés sur le côté opposé qui ne présente, littéralement, qu'une longue suite de potagers, ornés de plates-bandes (1), où de jolies fleuristes vien-

---

(1) Les champs et jardins de la Petite Dixme, longeant les promenades, et appartenant autrefois aux chanoines de la collégiale de Crécy.

Toute cette propriété ainsi que la partie comprise, au nord de Crécy, depuis les prairies sur la rive droite du Morin jusques et y compris les villages de Montbarbin et Ferroles ; et au midi, depuis les clos de St-Martin jusques

nent, à soleil couchant, arroser le Pensez-à-moi, le Jasmin et l'Héliotrope, en frédonnant un amoureux couplet.

Plus en dehors et tout à l'entour : une chaine incessante de côteaux superposés et le plus poétiquement accidentés, forment une sorte d'ovale coupé dans sa longueur par le lit du Morin roulant doucement entre deux prairies jumelles qui le suivent amoureusement dans tout son parcours et offrent une abondante pâture à d'innombrables troupeaux ; étalent ici, le cep cher aux vrais fils de Bacchus, aux gais enfans du plaisir ; là, le sainfoin fleuri, entremêlé de serpolet : ailleurs, la verte luzerne à côté d'épis dorés ; dans le lointain : le noueux tortillard au feuil-

---

et au-delà des prés Saint-Michel, formait autrefois le territoire de Crécy. Ce territoire ayant été réuni aux communes voisines à l'époque de la révolution, notre ville se trouve réduite à son enceinte. — Plusieurs demandes en restitution d'un territoire ont déjà été faites à l'autorité supérieure, mais toujours vainement.

lage d'un vert foncé, décrit les mille sinuosités du sentier pierreux qui conduit au hameau voisin ; à l'horizon, près du chêne altier, le noyer à l'ombre mortifère, mais à la tête rameuse, perd sa cime dans la nue et forme la dernière limite avec le ciel ; çà et là, de modestes pommiers, quelques poiriers rabougris, de luxuriants pruniers complètent le paysage.

Sous la feuillée : les chants mélodieux du Rouge-gorge, du Roitelet, du Merle au bec doré et du Chardonneret, font incessamment entendre une délicieuse mélodie, en attendant que le chantre de la nuit vienne, au milieu du silence universel, préluder par quelques notes hardies, à ses inimitables variations.

En face, d'un côté : une forêt microscopique, s'élevant en amphithéâtre et plongeant ses derniers rameaux dans la nue ; de l'autre : l'aridité rocailleuse d'un flanc de rocher montrant, au lieu de végétation, d'énormes blocs grisâtres de pierre calcaire.

Au milieu : le sanctuaire de l'égalité, avec ses arbustes toujours verts, ses croix funéraires, distancés par des tombes plus ou moins prétentieuses, érigées, moins en souvenir pieux du défunt, qu'à l'orgueil des survivants qui prétendent, en vain, s'aristocratiser au-delà du cercueil : Egalité quand même ! *Memento, quia pulvis es.*

Mais quittons ces touches sombres et revenons au brillant du tableau : ce qui achève de lui donner un aspect féerique, une couleur vraiment inexprimable, c'est la variété résultant de la division ; en effet, ce sol fertile, autrefois le partage d'un seul, est aujourd'hui morcelé en autant de parties qu'il y a d'habitans dans notre cité, et le nombre n'est guère moindre de mille à douze cents.

Quelle est donc cette heureuse population de propriétaires ?

Ah ! c'est là que je vous attendais, touriste désappointé, qui cherchez d'un œil inquiet quelques vestiges de l'antique manoir, quelque rejeton de ses aristocratiques beautés. De tout ce passé, il ne reste à la nouvelle génération, qu....'un souvenir ! souvenir respecté : la mémoire du duc de Penthièvre.

Quelques honorables débris de notre illustre armée, plus ou moins mutilés, portant haut le ruban d'honneur bravement gagné sur les champs de bataille, des rentiers, bien inspirés, venus des campagnes voisines ; d'autres, arrivés de la capitale où ils étaient parvenus à se créer une honnête petite fortune, soit dans la finance, soit dans la peau de chevreau, soit dans la cire jaune et les bouts de chandelle ; d'honnêtes ouvriers dévorés par la seule passion du bonheur domestique, de loyaux commerçants, quelques médecins, des notaires, et enfin les hauts magistrats ayant à leur tête l'indispensable doyen, composent notre population, toute d'origine populaire ; sorte de grande famille ayant les mêmes instincts, les mêmes goûts modestes, les mêmes répulsions modérées et les mêmes sympathies ; pas un seul aristocrate de pure origine. Si quelques-uns se trouvent plus favorisés de la fortune, ils sont hommes de trop de tact et de bonne société, pour se prévaloir d'une si puérile supériorité.

L'homme n'est réellement quelque chose que par l'intelligence, l'honneur et l'humanité ; on peut dire que depuis le premier jusqu'au dernier, si premier et dernier il y a, il n'existe pour distinction qu'une proportion de sacrifices plus grands, à la bonne harmonie, à l'égalité, à la fraternité. Nul ne rougit de son origine, là, où nul n'a la prétention de valoir mieux que son voisin. C'est précisément ce qui a excité nos préférences pour Crécy ; c'est ce qui fait que nous y vivons heureux ; nul n'a le droit de prétendre, nul ne prétend nous écraser de son stupide orgueil : de notre côté, nous payons de grand cœur notre juste tribut de sentiments et d'actes, en tous points, populaires et patriotiques ; s'il nous reste un regret, c'est de ne pouvoir contribuer davantage au bonheur de la grande famille, et cet aveu, nous le faisons du plus sincère de notre cœur : arrive l'épreuve, et nous sommes prêt !

Que nous manque-t-il ?...

Nous avons reçu la visite du gazobul des frères Godard ; chaque jour notre œil cherche dans les nues le bidet gris-pommelé de Madame Poitevin ; bientôt un chemin de fer va nous fournir l'aspect de wagons passant rapides comme une file de machines infernales, chauffées et conduites par d'impatients démons !

Supposons être rendu à la gare et prenons nos bagages. (1)

Les annotations en entier sont de M. Théophile LHUILLIER dont nous avons déjà mentionné l'utile concours.

On nous avertit que nous avons oublié de remplir une partie de notre programme ; nous sommes gens de parole et nous tenons à honneur de ne manquer à aucun de nos engagements.

---

(1) On sait qu'un embranchement projeté du chemin de fer de Paris à Strasbourg, destiné à relier Esbly à Coulommiers, passerait à l'extrémité nord de Crécy où il y aurait une gare.

LA CHAPELLE.

La Chapelle est à Crécy ce qu'est une sœur au bras de son aînée ; encore quelques maisons intermédiaires et elle ne formera qu'un seul et même tout avec Crécy qui se réjouit de cette future alliance.

La Chapelle peut être comparée à une modeste miniature enrichie de perles fines et de diamants précieux, voyez plutôt ! (1)

---

(1) La Chapelle, n'était dans l'origine qu'une simple chapelle, dépendant de St-Martin, situé sur l'autre rive du Morin, et auquel on communiquait par un pont; érigée en paroisse avec titre de collégiale en 1202, elle fut ruinée par les guerres des Anglais, et rebâtie presque aussitôt grâce à la munificence de la reine Jeanne-de-Navarre. — Au XVIe siècle, ce village n'était pas bâti comme on le voit maintenant, il ne se composait alors que de maisons éparses, situées, pour la plupart, dans ce qui forme le parc du château, et dont les acquisitions des seigneurs ont occasionné

Son église de la plus magnifique architecture, de la plus parfaite régularité, est un gothique remarquable de la fin du treizième et du commencement du quatorzième siècle ; cet édifice bâti en granit et ciment, est flanqué à l'extérieur, de vingt et quelques gros pilastres ayant chacun son arc-boutant qui, comme autant de bras nerveux sortis du même tronc, soutiennent d'une main ferme la voûte immense, sans oter rien à son hardi, à son élégance.

La tour, quadrilatère, de même structure que le corps de l'édifice et d'une grande élévation, termine chacune des façades en triangle au sommet couronné d'une sorte d'artichaut d'Espagne, représentant, ensemble, quatre clochetons ou pinacles, de même style gothique, du

---

la destruction. — Depuis plusieurs siècles, le sol de La Chapelle a été élevé considérablement, et son église se trouve enterrée de plus de 10 pieds, ce qui enlève beaucoup à sa hardisse et à sa majesté.

milieu desquels s'élève, hardie et gracieuse, une flèche octogone de vingt-deux à vingt-cinq pieds, qui avec son soubassement atteint environ cent dix pieds d'élévation ; on a eu le tort récent de la recouvrir d'ardoises vertes et luisantes au lieu de lui conserver sa couleur native ; ce qui eût été une preuve de goût et d'intelligence du beau !

Un cinquième et dernier clocheton vient d'être construit sur l'angle sud-est de l'architrave ; mais il lui manque aussi cette couleur originaire qui resplendit sur l'ensemble du vénérable monument, outre qu'il semble placé là par on ne sait quelle inspiration et dans un but connu *peut-être,* de l'architecte.

L'intérieur, la coupole surtout, est d'une telle richesse de détail, que nous renonçons à le décrire ; il est fâcheux que l'ornementation indépendante de l'édifice ne réponde nullement au fini du gothique, au grandiose de ce noble chef-d'œuvre.

En face, le château de construction récente, modèle de sculpture et de belle ordonnance s'élève comme un jeune lys à la tige élancée, perlé des larmes de l'aurore et ouvrant sa blanche corole aux premiers baisers du soleil, dans l'enceinte d'un parc de 50 à 60 hectares d'étendue, boisé en grande partie, coupé en tous sens d'allées ombreuses qui s'étendent à perte de vue dans toutes les directions, et baigné de fontaines dont les eaux jaillissantes, après mille cascades, se transforment en bassins et vont définitivement se joindre au rû de Vaudessart. (1)

Après avoir esquissé le moderne manoir, hasardons quelques traits concis

---

(1) On voit encore à La Chapelle près de l'église, une aile d'un ancien château fort, construit et habité par Sully, au XVIe siècle, dont les superbes jardins exécutés sur les dessins de Lenostre, s'étendaient jusqu'à Crécy.

sur son hôte illustre : La Chapelle a, de nos jours, son duc de Penthièvre dans la personne du jeune comte de Moustier, descendant de Sully : même oubli des préjugés de caste et même noble affabilité ; même inépuisable générosité envers l'indigence, enfin, même exquise délicatesse, s'il tend la main à d'honorables infortunes.

Le site de La Chapelle ne le cède point à celui de Crécy ; dans quelques points même, il le surpasse sans doute : qui n'a vu, du sommet de la butte de Serbonne, le magnifique panorama qui se développe à l'œil émerveillé : la côte d'Est, ayant à sa bâse, le Morin avec ses inséparables prairies ; en face les roches abruptes qui forment l'entrée de la grotte, dite de la Mère Rouillane, donnant issue à d'immenses anfractuosités creusées, par la main de la nature, dans le vif du roc calcaire, d'autres disent par la main des carriers; un peu à gauche : Saint-Martin-lès-Voulangis avec ses vieux pans de murailles et ses énormes maisons à ouvertures gothiques, ciselées, rappelant les anciens moustiers et l'antique chapelle qui ont existé dans ce lieu, (1) maintenant déshérité !

La Chapelle est, d'ailleurs, la plus riche et l'une des plus populeuses des communes du canton : les quatre contributions s'y élèvent, annuellement, à 12,432 francs, terme moyen, et la population est de 1,100 habitants.

---

(1) Saint-Martin-lès-Voulangis, dans l'origine le vieux Crécy, fut donné, en 1123, aux religieux de Saint-Martin-des-Champs, à Paris; de là, le changement de son nom; il y avait déjà une église en ce lieu et bientôt les seigneurs de La Chapelle-sur-Crécy y fondèrent un prieuré pour trois religieux. En l'an 1202, quand La Chapelle fut détachée de Saint-Martin pour devenir collégiale, le prieur de ce lieu eut le titre de premier chanoine de la collégiale.

Saint-Martin eut aussi, dans un temps, un manoir chef-lieu d'une seigneurie dont M. Mullon de Saint-Preux fut le dernier possesseur. La justice dépendait de la baronie de Coupvray. Plusieurs fiefs sur cette commune appartenaient au XVIIIe siècle, au cardinal de Rohan, au collége du cardinal Lemoine, et à la commanderie de Moisy-le-Temple.

9.

CONSIDÉRATIONS GÉNÉRALES

SUR LE CANTON DE CRÉCY.

Outre La Chapelle : Voulangis, Villiers, Bouléurs, Coulomme, Sancy, se groupent immédiatement autour du chef-lieu ; sur un second plan : Serris, Bailly, Magny-le-Hongre, Coutevroult, Saint-Germain, Couilly, Montry, Condé, Esbly, Quincy, Vaucourtois, Boutigny, Saint-Fiacre, Villemareuil et La Haute-Maison, se placent comme un double fer à cheval, sorte d'ovale imparfait.

Ces différentes communes au nombre de vingt-deux, ne se distinguent guère que par la fertilité du sol, l'uniformité d'esprit et d'aptitude de ses habitants.

Les hommes, de taille médiocre, sont robustes, laborieux, économes, pas toujours sobres.

Les femmes sont infatigables au travail et se livrent volontiers aux plus rudes labeurs champêtres, après avoir vaqué aux soins du ménage ; on les voit manier avec habileté, la bêche et le hoyau, ce qui ne laisse pas de leur rendre la main quelque peu calleuse ; mais en retour, elles sont pantelantes de santé et d'amour ! qui n'a pas rencontré ces phalanges de jeunes vigneronnes descendant à vêpres, ou plutôt au bal, le dimanche ; à la ville, le jeudi, avec leur jolie marmotte coquettement placée sur deux bandeaux lissés avec un goût d'artiste ; leurs espadrilles en tresses vertes et rouges, ou leurs petits sabots noirs, garnis de brides ornementées et soigneusement cirées ; leur jupon bariolé de couleurs ordinairement tranchantes, mais de longueur économique, laissant voir un pied cambré et musculeux, une cheville bien tournée, une jambe fine, rondelette et jolie ; si pied cambré, si cheville bien tournée, si jambe fine rondelette et jolie, il y a ; une camisole de la plus riche cotonnade coupée de manière à faire ressortir, en toutes grâces, une taille et une poitrine irréprochables ; enfin, leur minois si éveillé, si mutin, si homicide, lorsqu'il n'a pas plus de 28 à 30 ans et qu'il reçoit les ablutions quotidiennes d'une eau pure !

Ensemble, hommes et femmes ne professent ni pour la religion, ni pour la morale, un culte exagéré ; ils sont également modérés en politique : que leurs champs se couvrent de riches moissons, que leurs celliers, en octobre, se remplissent de bon vin du crû ; (1) que leur

---

(1.) Le meilleur vin de la Brie se récolte sur un coteau d'environ 100 arpents, appelé la Petite-Bourgogne, exposé

étable fournisse d'abondants fromages, et ne leur demandez pas qui mieux vaut de République, d'Empire ou de Monarchie; de Joinville, d'Henry V ou de Louis-Napoléon ? Règne qui pourra et comme il l'entendra, pourvu qu'ils ne soient point écrasés de charges, ni troublés dans leur paisible vie champêtre ; payez cher leurs produits, vendez-leur les vôtres au prix le plus modéré ; surtout, faites-leur long crédit, payez-les comptant, et vous aurez leur estime ; sinon, non.

L'habitant de ce canton est de mœurs douces et faciles, dans les conditions ordinaires ; mais ne touchez pas à ses intérêts, car alors, il ne connaît ni ami, ni frère, ni père, ni mère ; on peut dire de lui : il porte l'égoïsme jusqu'au sublime !

N'est-ce pas, après tout, dans ce siècle,

---

au midi, sur le territoire d'Esbly : dans notre canton, généralement parlant, le vin du crû est, chez nous, assez médiocre et se consomme dans le pays.

la qualité dominante de presque tous les hommes, additionnée dans certains cas, d'une dôse plus ou moins délectable d'hypocrisie.

Le sentiment du soi, domine même au foyer domestique !

En général, dans notre riche canton, les transactions se font bien et tout le monde y peut vivre ; même Messieurs de la justice : notaires, juges, greffiers, clercs et huissiers ; voire même le porte-contrainte.

Si nous ne rencontrons qu'à de longs espaces, ces demeures somptueuses où la richesse dort paisible sur l'édredon et l'or ; nous ne trouvons non plus presque point de ces tristes chaumières envahies par la sombre misère. Partout règne un air d'aisance, de bien-être, de propreté et de prospérité.

Le canton de Crécy mérite surtout, le nom de Latium français.

En portant un regard investigateur sur le vaste terrain occupé par les vingt-deux communes dont nous venons de peindre les heureux habitans ; dans cette riche enceinte autrefois remplie d'une profusion de monuments, tels que chapelles, prieurés, couvents, monastères, manoirs inoffensifs et menaçants castels ; il ne reste bientôt, que les emplacements jonchés de débris et des souvenirs.

Quelques restes précieux de l'architecture du Xe siècle, viennent s'offrir aux regards avides de l'insatiable archéologue, dans l'église de Couilly dont la superbe clef de voûte, placée au-dessus de l'abside, est surtout admirable.

Dans le fond sud-ouest du canton, vers la forêt de Crécy, quelques tristes vestiges briquetés du vieux château-fort de Bailly rappellent à l'esprit, le séjour en ces lieux de l'amiral Tourville, au dix-septième siècle. (1)

Quelques autres débris palpitants d'antiques souvenirs se produisent encore, çà et là, à nos recherches ; ce sont : les décombres du joli château de Montaumer, dans la situation la plus pittoresque, (2) les restes du monastère de Saint-Fiacre dont il conviendrait, peut-être, de faire connaître le fondateur, qui le fut aussi du village de ce nom (3). Ce

---

(1) La commune de Bailly-Romainvillers doit son origine à un prieuré qui exista à Romainvillers jusqu'en 1537, sous le nom de prieuré du Bois, et appartenait à l'abbaye de St-Germain des Prés, à Paris. Romainvillers fut d'abord érigé en paroisse, et en 1824, le chef-lieu en fut transféré à Bailly. — Le château-fort de Bailly passe à tort, dans le pays, pour avoir 1200 ans de construction, c'est un manoir seigneurial du XIV⁰ siècle dont il ne nous reste plus qu'un corps de bâtimens et deux tourelles ; le parc est vaste et bien tracé, mais il demande à être mieux entretenu.

(2) Montaumer, sur la commune de Coutevroult, ancien fief existant dès le XII⁰ siècle et relevant de la justice de Coulommiers. Ce château démoli depuis 1846, était du XV⁰ siècle.

(3) La commune de Saint-Fiacre doit son origine à un vénérable ermite écossais, de race royale, qui se retira en ce lieu vers l'an 560 pour y embrasser la vie monastique ;

serait aussi le lieu de décrire les miracles célèbres opérés par la pierre à l'empreinte caractéristique déposée dans le monastère, puis dans l'église paroissiale de Saint-Fiacre, où elle reste exposée à la vénération des fidèles, en souvenir du saint ermite irlandais, dont, il y a douze cents ans, la chaleur naturelle fit tomber le granit le plus dur à l'état de cire molle ; mais, comme en général, nous n'avons qu'une foi médiocre dans les faits de l'ordre surnaturel, quoique bon catholi-

---

il secourut les voyageurs, cultiva la terre et accomplit force miracles au rapport des historiens. Canonisé à sa mort, ce saint fut l'objet de la vénération des peuples qui établirent en cet endroit un pèlerinage devenu, plus tard, l'un des plus fameux du monde chrétien. Autour de l'ancien ermitage, donné à l'abbaye St-Faron, à Meaux, se créa peu à peu le village de St-Fiacre, où les religieux établirent au XIVe siècle une communauté sous leur juridiction, qui devint florissante grâce aux libéralités de puissants seigneurs et des rois de France. Ces religieux propagèrent le culte du saint anachorète qu'ils instituèrent patron de la Brie entière ; depuis la révolution il nous reste peu de traces de leur abbaye.

Dieu-l'Amant, sur cette commune est une ancienne commanderie de l'ordre de Malte.

que, nous craindrions de ne pas nous en acquitter assez révérencieusement.

Qui ne sait, après tout, qu'il suffit aux jeunes épousées de se placer dévotement, sur cette pierre miraculeuse pour mettre au monde, dans les neuf mois, le plus joli enfant?... Qui ne sait, comme le garantit l'historien Mabillon, qu'elle guérit instantanément des hémorroïdes fluentes et non fluentes ; qui ne sait qu'elle guérit, de la même manière, les rhumatismes aigus et chroniques, les squirres et cancers invétérés, les douleurs dentaires et ostéocopes, la grippe, la rougeole, la petite-vérole et les atroces coliques du grêle intestin ; qu'elle redresse les déviations si nombreuses du tibia, de la colonne vertébrale et autres gentillesses du même genre ; qu'elle fait disparaître les verrues, les cors aux pieds et durillons, enfin, les taches de rousseur si détestables sur un teint de lys?... Elle ne manque jamais les difformités du visage, les yeux louches particulièrement, et préserve infailliblement des convulsions si funestes à l'enfance ; ce qui taquine pas mal le bon St-Loup, de Tigeaux ; moins cependant que son désopilant caissier, le digne curé de D........ : enfin, elle coupe les fièvres intermittentes, ce qui ne fait pas rire Madame la baronne de Sainte Avoye ! (1)

Nous apercevons, à l'ouest, dans le périmètre jadis couvert par le Moustier de Pont-aux-Dames, (2) où fut reléguée

---

(1) Près du château de Sainte-Avoye, commune de Dammartin, sur le canton de Rozay, existe une toute petite chapelle, sous l'invocation des saints Innocents ; de candides fiévreux y viennent déposer leur *ex voto,* et s'en retournent sains et guillerets *si fudicia sit insanis*.

Docteur Th. ROBILLARD.

(2) Couvent de Bénédictines de l'ordre de Citeaux, fondé par Hugues de Chastillon, en 1226, à Couilly, près du pont sur le Morin, dans les bâtimens d'un ancien hôtel-Dieu, et transféré trois ans plus tard au village de Rues, qui prit alors le nom du Pont, ou Pont-aux-Dames.

Pendant plusieurs siècles, il tint un rang distingué parmi

la trop célèbre Dubarry, après la mort du voluptueux Louis XV, et où tant d'autres illustres beautés, sauves d'honneur, sorties des premiers rangs de la société européenne, même de souche royale, vinrent comme Magdeleine, pleurer leurs jolis péchés ; nous n'apercevons que luxuriante végétation autour d'une blanche maisonnette à l'aspect joyeux et anacréontique qui semble porter un insultant défi aux souvenirs du passé.

Que sont devenus, l'enceinte de hautes murailles et de portes massives roulant péniblement sur leurs gonds rouillés après l'accomplissement sévère des plus minutieuses formalités, accessibles seu-

---

les plus riches et les plus célèbres monastères de France ; il eut dans son sein les filles les plus distinguées par leur naissance : nous ne citerons que des héritières des maisons de Lorraine, de Chabannes, de La Trémoille, d'Ormesson, de Béthune, de L'Hospital, etc. — Ce couvent ne subit aucune réforme ; détruit pendant les troubles du royaume sous les premiers Valois, il fut rétabli à la pacification et exista jusqu'en 89.

lement à de saints évêques, à de pieux abbés et à d'illustres seigneurs ; violées, cependant quelquefois, par d'odieux sacriléges, entraînés par une détestable passion ?... — Ce corps de logis, si vaste d'étendue et d'élévation, divisé intérieurement en longs corridors et en innombrables cellules où tant de soupirs âcres et brûlants s'exhalèrent de poitrines haletantes et comprimant à peine de compromettants sanglots, au milieu de la nuit, dans l'intimité de la vraie solitude, loin des regards inquisiteurs de l'intraitable abbesse qui, elle-même, plus d'une fois, eut ses heures de doux souvenirs, d'amers regrets ; — Cette riche chapelle resplendissant de l'or de nos princesses et de nos rois qui, à l'envi, la comblèrent de dons à différentes époques, d'où un concert des plus douces voix entonnant de pieux cantiques ou un hymne saint, s'élevèrent, si long-temps, vers le ciel, et portèrent souvent dans des cœurs irréligieux de coupables sensations ; — Ces réduits obscurs, infects et souterrains, dans le fond desquels nous n'osons pénétrer, même en imagination, dans la crainte d'y trouver une novice pleine de charmes et de candeur, en butte aux mauvais traitements d'une vieille harpie armée de tout ce que l'odieuse barbarie a pu inventer de plus ingénieux, en fait de supplice?

Pauvre Dubarry, si tu as subi ces outrages, tu as dû bien souffrir, en te rappelant le Parc-aux-Cerfs, et cet ensemble de béatitudes ineffables, dans les palais de ton royal amant!

Nous oublions ta trop coupable jeunesse pour ne nous souvenir que de la cruelle déception de ton âge mur, et de tes heures éternelles de réclusion, toi si peu faite pour la vie de recluse.

D'ailleurs, si tu étais belle, si tu étais

sensible et vulnérable comme l'ange déchu, tu avais aussi d'incomparables sentiments de bienfaisance, et cette noble vertu couvre tout. Puisse la terre t'être légère ; puissions-nous n'être jamais, dans nos songes, tourmenté par des lutins plus effrayants que ton ombre, pourvu qu'elle soit l'exacte copie de tes formes et de tes charmes vivants, eût-elle même quelques-uns de tes vilains caprices ! Nous fermerions le poing en couchant la première phalange du pouce dans la main et nous prononcerions le terrible : *Vade retrò, Satanas !!!*

Tout, alors, serait dit et terminé à la plus grande gloire de Dieu.

Aux plus beaux jours du vénérable Moustier, lorsqu'il jouissait de toute sa splendeur (1), vers l'heure où sonne l an-

---

(1) En août 1590, après la mort d'Isabelle de Chabanne, et sans avoir égard à l'élection qu'a-

gélus qui appelle les nonnes à la chapelle, souvent un infatigable coursier, docile à la voix du maître, lancé à fond de train par son impatient cavalier, qui lui sillonne, cette fois, les flancs écumeux de deux sanglants éperons, brulait la plaine, franchissant haies et ravins ; malgré pluies, neiges et frimas glacés, comme il l'avait fait par les tièdes soirées d'automne, et gagnait Pont-aux-Dames : c'était le roi Henri, avec son

---

vaient faite les religieuses de Pont-aux-Dames, Henri IV donna cette abbaye à Madame Claudine de Beauvilliers de St-Agnan, sa maîtresse, qui n'avait pas plus de 17 ans ; en même temps, il la nomma abbesse de Montmartre, et quelques années plus tard abbesse de Faremoutiers, mais elle refusa ces deux bénéfices et mourut à Pont-aux-Dames, le 23 janvier 1626.

Les annotations, indispensables dans un ouvrage de ce genre, ne présentent trop souvent, qu'un travail aride et fastidieux, aussi nous sommes-nous attaché à en restreindre e nombre et l'étendue, sans rien ôter à la clarté qu'elles doivent apporter à l'ouvrage, ni à l'intérêt qu'elles peuvent offrir au lecteur. — Nous en avons fait un choix roncis et aussi agréable que possible, ayant suivi en cela le précepte de La Fontaine :

    Loin d'épuiser une matière,
    Il n'en faut prendre que la fleur.

ventre-saint-gris qui venait oublier les monotones plaisirs des Tuileries et de Versailles, près de sa jolie abbesse de dix-sept ans !

Une vieille tourière reçoit la bride du umant animal qu'elle conduit incessamment sur une fraîche litière ; elle le bouchonne avec une rare adresse, puis lui jette l'ample couverture de rigueur ; on eût dit un valet des écuries du roi, (c'était sans doute, quelque vieille domestique de médecin : palefrenier, chef-d'office et femme de chambre, tout à la fois.)

Pendant ce temps, le Béarnais sachant utiliser les minutes, festoyait le champagne, et les amours dévotement emmitouflés : quelle aubaine ! C'eût été fête de voir le grand roi et la petite nonnette savourant, à qui mieux mieux, dans ce lieu voué à de sévères expiations, ce que l'amour a de plus voluptueux, de plus vif, de plus délicieusement âcre !

Laissons les anges tirer un voile sur ces inexprimables voluptés, et allons, dès l'aube, nous embusquer discrètement au coin de la tour du sud : Henri semble ne pas s'être débotté ; il donne respectueusement et avec une grâce exquise, le salut d'adieu ; sourit tristement sous sa longue barbe bien bichonnée, et part comme il était venu à franc étrier, tandis que la pieuse abbesse, rentre pudiquement dans sa sainte retraite. *Amen !*

S'il nous reste un regret, c'est que les limites du sujet ne nous permettent pas de crayonner, ici, les sublimes ruines du vieux temple de La Celle, au pied desquelles nous nous sommes arrêté, hier, saisi d'un mouvement spontané d'admiratif enthousiasme et de religieux respect.

Pourquoi laisser périr ces magnifiques

restes du plus admirable gothique que possède, non seulement la Brie, mais la France entière ! pourquoi les archéologues ne réuniraient-ils pas leurs efforts, afin d'empêcher un tel désastre ?

On nous objectera, peut-être, qu'ayant promis de l'histoire, nous abondons dans le roman.

Le reproche ne serait pas sérieux, et il nous serait facile d'y répondre par ces quelques mots du poète latin :

« *Omne tulit punctum qui miscuit utile dulci.* »

Mais, a-t-on donc oublié que nous avons dédié notre opuscule à une fraction de la moins prosaïque moitié du genre humain ?

Puissent nos belles lectrices, ne nous point trouver en défaut, et notre part de bonheur sera assez grande !

Nous n'avons point eu l'orgueilleuse prétention de faire un petit chef-d'œuvre;

que d'autres perfectionnent ce que nous n'avons qu'imparfaitement ébauché, et nous nous contenterons du mérite de l'initiative.

D^r TH^{re} ROBILLARD.

Crécy, ce 1er décembre 1851.

www.ingramcontent.com/pod-product-compliance
Lightning Source LLC
Chambersburg PA
CBHW070519100426
42743CB00010B/1867